班组安全100丛书

机械制造企业班组安全生产事故分析精编

“班组安全100丛书”编委会　组织编写

中国劳动社会保障出版社

图书在版编目(CIP)数据

机械制造企业班组安全生产事故分析精编/“班组安全 100 丛书”编委会组织编写. -- 北京：中国劳动社会保障出版社，2020
(班组安全 100 丛书)
ISBN 978-7-5167-4716-2

Ⅰ.①机… Ⅱ.①班… Ⅲ.①机械制造企业-生产小组-安全事故-事故分析 Ⅳ.①F407.406.2

中国版本图书馆 CIP 数据核字(2020)第 227030 号

中国劳动社会保障出版社出版发行
(北京市惠新东街 1 号 邮政编码：100029)
*
三河市华骏印务包装有限公司印刷装订 新华书店经销
880 毫米×1230 毫米 32 开本 7.125 印张 167 千字
2020 年 12 月第 1 版 2020 年 12 月第 1 次印刷
定价：28.00 元

读者服务部电话：(010) 64929211/84209101/64921644
营销中心电话：(010) 64962347
出版社网址：http://www.class.com.cn

“班组安全100丛书”编委会

内容简介

中国是机械制造产业大国，正在向机械制造产业强国迈进，被称为“世界工厂”，产品面对国内和国际两个市场，遍布世界各地。机械制造产业是我国国民经济发展的支柱产业之一，其他产业的发展，需要机械制造产业提供装备支持。机械制造企业在生产过程中，很多情况下会接触到运动的机件和能量形式的转化，如果安全管理不善，就会发生各种各样的事故。如何确保安全生产，预防各类事故的发生，是摆在企业负责人、安全管理人员以及班组长面前的重要课题。

本书根据近年来机械制造企业所发生事故的特点和规律，对多发事故进行了梳理，按照机械伤害、起重伤害、触电伤害、爆炸爆燃、物体打击、高处坠落、其他伤害进行分类，讲述事发企业基本情况、事故发生经过、事故原因分析、事故教训、相关知识与管理借鉴等内容。本书内容丰富，层次清楚，叙述深入浅出，非常适用于班组员工的学习和培训，也适用于安全生产管理人员的日常教育，可以作为培训教材使用。

前言

科学技术的进步，工业化大生产应用于各行各业，机械、电子设备的广泛使用极大地提高了劳动生产率，也使得工作环境日益得到改善。然而，工业化也带来了由于工作环境越来越复杂所产生的安全问题，要么不发生事故，要么会发生更加严重的事故。因此，生产方式的进步对作业人员安全意识的提高和安全习惯的养成有更高的要求。

俗话说“安全不安全，自己管一半。”有些伤害是操作者本人引发的事故造成的，有些伤害是他人引发的事故造成的。因此，管住自己违章的“手”，就能有效地减少事故的发生，在减少由此给自己带来的伤害的同时，也减少对别人的伤害。如果每个人都能做到这一点，事故的发生率就会大大降低。另外，如果掌握了充分的安全知识和避害技能，即使遇到了事故，人们也能有效地采取合理的措施，减少甚至避免伤害的发生。从这个角度讲，“安全不安全，自己管一半”可以改为“安全不安全，自己说了算。”

大量事实表明，许多刚参加工作的人员非常重视工作技能的学习，但却忽视安全知识的掌握，非得经历一次事故才能真正明白安全生产的重要性。但是，一次安全生产事故有可能导致非常严重的后果，甚至使人遗憾终生。因此，企业一定要贯彻“安全第一、预防为主、综合治理”的方针，督促员工学习安全生产知识和技能，养成遵章守纪、不自作主张的良好习惯，确保安全生产，从而保障企业、员工的切身利益。

“班组安全 100 丛书”以案例的形式从事故预防的角度教育企业负责人和作业人员从以往发生的事故案例中吸取教训，从而提高安全生产意识，以免重蹈事故伤害的覆辙。

“班组安全 100 丛书”共有十三个分册，分别是：

《班组安全管理经验和方法精编》《违章违纪与操作失误事故分析精编》《危险作业现场隐患事故分析精编》《设备设施潜在隐患事故分析精编》《生产班组亲历事故教训精编》《机械制造企业班组安全生产事故分析精编》《冶金企业班组安全生产事故分析精编》《矿山企业班组安全生产事故分析精编》《道路交通运输企业班组安全生产事故分析精编》《化工企业班组安全生产事故分析精编》《建筑企业班组安全生产事故分析精编》《企业负责人安全生产责任分析与事故预防精编》《企业管理人员安全生产责任分析与事故预防精编》。

从书案例均选自真实发生的生产事故，有的还来自当事人的自述，按照企业培训和员工自学的使用要求进行分类，经过精心编排，具有很重要的参考意义，适合企业对员工的安全生产培训，有助于员工安全生产意识的提高。

编者

2020 年 12 月

目录

CONTENTS

一、机械伤害事故 /1

一、机械伤害事故

机械制造产业是我国国民经济社会发展的支柱产业之一，不仅是经济增长的主要支撑，还是城镇就业的主要渠道和国际竞争力的集中体现。机械制造涉及范围广泛，从业人员数量庞大。在机械制造生产过程中，需要使用大量各种机械设备，随着科技的进步，机械设备的功能不断增加、数量不断增多、使用范围不断扩大。然而，机械设备在给生产带来高效、快捷、方便的同时，也伴随着危险与有害因素的产生，容易对操作人员造成伤害。据统计，机械伤害事故占机械制造产业中事故总数的70%左右。因此，机械制造企业必须重视安全生产工作，加强管理，落实预防措施，积极防范各类机械伤害事故的发生。

1. 作业人员冒险穿过护栏被龙门起重机挤压

2018 年 3 月 9 日，常州市某电镀有限公司（本案例简称电镀公司）3 号镀锌车间内，1 名镀锌操作工在调试挂镀线过程中，被自动移动运行的龙门起重机挤压受伤，经抢救无效死亡。

（1）企业基本情况

1）企业相关情况

电镀公司于2007年4月成立，经营范围包括热镀锌、镀铜、镀铬、锌压铸、抛光、锁及配件、灯具电气配件和五金加工等。

2）事故车间情况

2017年12月26日，电镀公司与于某某签订承包经营合同，双方约定由于某某承包电镀公司的3号电镀车间并以电镀公司的名义从事生产经营，在合同中明确了双方的相关责任。2018年1月10日，双方签订了电镀车间安全生产责任书，明确承包人于某某要按照电镀公司的安全生产管理体系和安全生产管理制度从事生产经营，定期开展安全生产宣传教育，组织安全生产知识培训等。

（2）事故经过和救援情况

2018年3月9日上午，电镀公司3号镀锌车间组织进行电镀设备运行调试。11时许，操作工王某某独自在镀锌挂镀线南侧进行调试过程中，上身从护栏横杆下方探入电镀槽上方查看电镀槽情况时，被自动移动运行的龙门起重机卡住挤压受伤。

事故发生后，于某某立即开展救援，将龙门起重机开走，并拨打“120”电话，伤者被“120”急救车送往医院，经抢救无效死亡。

（3）事故原因分析

1）直接原因

①操作工王某某安全意识差，未仔细观察挂镀线上的龙门起重机运行情况，便冒险穿过护栏到电镀槽上方查看，导致被运行的龙门起重机挤伤。

②3号镀锌车间镀锌挂镀线护栏安装不到位，护栏中间未安装防护横杆，无法有效地阻挡人员穿越。在龙门起重机运行移动的危险区域没有设置安全警示标识。

王某某冒险作业的不安全行为和 3 号镀锌车间挂镀线护栏的不安全状态是事故发生的直接原因。

2）间接原因

①3 号镀锌车间承包人于某某安全管理不到位，未能及时发现并消除员工违章冒险作业的事故隐患。

②电镀公司主要负责人履行安全管理职责不到位，未认真督促检查本单位的安全生产工作，未及时消除生产安全事故隐患，未切实制订安全生产教育培训计划并严格实施。

③电镀公司安全生产主体责任落实不到位，安全管理不到位，安全生产教育培训工作开展不到位，未如实记录安全教育培训内容，事故隐患排查治理制度落实不到位，未采取技术措施及时排查并消除生产现场存在的事故隐患。

（4）事故教训和整改措施

这起事故教训十分深刻，事故单位要引起高度重视，举一反三、吸取教训、防微杜渐，杜绝类似事故的发生。

1）电镀公司要认真总结事故教训，应从多方面来分析事故产生的原因，从而使员工吸取事故教训，提高员工的安全意识和预防事故的能力。

2）要切实加强生产现场的安全管理，督促员工严格遵守安全操作规程；强化各生产单位及岗位人员的安全生产责任制，严格生产作业现场的安全监督、检查和考核。

3）要认真开展安全生产大检查，严格落实事故隐患排查治理制度，定期排查事故隐患并及时整改到位；持续有效地开展安全生产标准化工作，严格对照标准要求进行安全管理，有效杜绝事故的发生。

（5）相关知识与管理借鉴

导致这起事故的发生有两个方面的原因：一方面是操作工安全意

识差，冒险穿过护栏到电镀槽上方查看；另一方面是护栏安装不到位，护栏中间未安装防护横杆，无法有效阻挡人员穿越。此外，在龙门起重机运行移动的危险区域没有设置安全警示标识。

从这起事故以及其他许多事故中可以看出，构成事故的主要要素有：作业人员或其他人员的不安全行为，机械设备存在的不安全状态，生产以及作业环境的不安全条件，即人、物、环境三个要素。这三个要素构成了生产中的危险因素（事故隐患），事故的发生，可以看作是对这三个要素的失控所致，控制这三个要素应作为企业安全管理的主要任务。

从物和环境的不安全状态来说，要注意以下因素：

1）设备和装置的结构不合理，强度不够，零部件磨损和老化。

2）作业场所面积窄小或存在其他缺陷。

3）物的码放和整理不当。

4）外来的或自然的不安全状态，存在危险物与有害物。

5）安全防护装置失灵。

6）劳动防护用品或服装缺乏及有缺陷。

7）工作环境，如照明、温度、噪声、振动、颜色和通风等条件不良。

2. 人员违规作业摔倒被模具夹伤致死

2018 年 3 月 12 日 9 时 38 分左右，滁州某电器有限公司（本案例简称电器公司）冰箱生产车间发生一起机械伤害事故，造成 1 人死亡。

（1）企业基本情况

电器公司成立于 2010 年 10 月 11 日，经营范围包括家用电器及配件、模具的研发、制造、加工、销售，家电产品的安装、维修及售后服务等。公司主要生产洗衣机、冰箱，有员工约 600 人，有模具、注塑、冰箱、洗衣机 4 个生产车间。

（2）事故经过和救援情况

2018 年 3 月 12 日上午 8 点左右，冰箱车间 A 线门体班 3 名员工正常到岗上班。其中班长吕某在生产线旁负责检查发泡后的门体及模具；齐某某负责从生产线模具上拿下门体放到生产线旁边的台架上；王某某负责用气吹门体。

约 9 时 38 分，齐某某去了卫生间，让王某某帮忙取门体，这时王某某身后的吕某看到门体线上其中一个模具上的双面胶贴条掉了，为了避免门体发泡漏泡，吕某准备补贴双面胶贴条。由于模具位置较高，够不着，吕某就站到生产线上贴双面胶贴条。由于未关生产线，线体继续向前滚动，导致旁边的台架碰倒吕某，吕某身体平倒在生产线上，脚被夹在生产线上运动的模具与固定钢柱之间。吕某痛得“哎呀”一声，旁边背对着正在放门体的王某某听到喊声，回头看到吕某被夹住，立即大喊停线。

听到喊叫声，距离事发位置 10 米左右的发泡操作工按下急停开关，由于运转的生产线停机有延时，吕某自肩膀以下身体被模具惯性拖带夹在模具与固定钢柱之间。

事故发生后，车间现场作业人员纷纷赶来救援，用工具拆除模具和固定螺栓，约 10 时，固定螺栓被撬掉，众人合力将吕某从生产线上救出。同时，有人拨打了“120”急救电话。约 10 时 06 分，“120”救护车赶到，随后将伤者送往医院救治。约 11 时 18 分，吕某因伤势过重经医院抢救无效死亡。

（3）事故原因分析

1）直接原因

吕某在门体生产线未停机的情况下，违规站到运行的生产线上作业，摔倒并被模具夹伤致死。

2）间接原因

①公司规章制度、安全操作规程不落实，安全管理不到位，劳动组织管理不规范。

②生产现场管理不严，对人员违章作业行为，特别是习惯性违章作业行为无人纠正，也没有予以必要的教育。

③新生产线隐患多，安全性差，整改不力；教育培训不到位，员工安全意识淡薄，安全防范技能偏低。

（4）事故教训和整改措施

经调查认定，这是一起因企业员工安全意识淡薄、违规作业、现场管理不严、制度规程不落实而导致的生产安全责任事故。为了有效预防事故的再次发生，应采取以下整改措施：

1）电器公司要认真吸取事故教训，切实履行安全生产主体责任。要依法设置安全生产管理机构，加大作业现场安全管理力度，建立风险管控和隐患排查治理常态化工作机制，及时发现并消除各类事故隐患。

2）电器公司要强化安全生产教育和培训工作，严格落实规章制度和安全操作规程。要严格落实员工“三级安全教育”（即厂级、车间级、班组级安全教育），提高职工的安全意识，熟悉有关的安全管理制度与操作规程，掌握本岗位的安全操作技能。

3）要通过事故案例教育，增强员工安全意识和自我防范能力，杜绝员工“三违”（即违章指挥、违规作业、违反劳动纪律）行为。

（5）相关知识与管理借鉴

在这起事故中，吕某作为班长，理应更加注重安全，但是却站到运行中的生产线上贴双面胶贴条，导致旁边的台架将其碰倒，由此而发生事故。吕某的行为，无疑是不安全行为。

人的不安全行为是导致事故发生的重要因素之一，许多事故就是因此而造成的。例如操作错误造成安全装置失效、使用不安全设备、用手代替工具操作、物体存放不当、冒险进入危险场所、违反操作规程、注意力分散、忽视个体防护用品用具的使用、不安全着装等。

纠正人的不安全行为，主要是加强对员工的安全教育。在安全教育中，要对员工讲解生产特点、作业环境、危险区域、设备状况、消防设备使用与管理等；重点介绍生产作业中可能导致发生事故的危险因素，交代容易出事故的部位和介绍典型事故案例；教育员工思想上应时刻重视安全生产，自觉遵守安全操作规程，不违章作业，爱护和正确使用机器设备和工具。要经常组织员工学习安全操作规范，讲解安全操作要领，说明怎样操作是危险的、怎样操作是安全的，以及不遵守操作规程将会造成怎样的严重后果。

3. 员工违章进入平台被运行的焊机挤压

2015 年 9 月 17 日凌晨 1 时左右，某技术服务有限公司（本案例简称技术服务公司）维修作业人员在公司甲镀锌分厂现场作业过程中，发生一起机械伤害事故，事故造成 1 人死亡。

（1）企业基本情况

公司甲经营范围包括生产冷轧钢板和热镀锌钢板，钢铁产品的国内外销售（含批发）并提供相关服务。

公司甲与技术服务公司签订了设备常规检修业务合同，双方约定：公司甲委托技术服务公司承担公司甲设备常规检修业务。

（2）事故经过和救援情况

2015 年 9 月 17 日凌晨 1 时左右，公司甲生产部镀锌分厂的 C408 机组入口焊机处，操作工黄某某发现焊机废板运输带卡阻，在挂牌处置后，仍无法排除故障，即电话通知技术服务公司的检修作业人员。1时5分左右，检修作业人员庞某某到现场，在与黄某某沟通了解情况后，庞某某从钢板运输带下方的通道进入设备内部，站立在焊机传动侧位置北侧的水泥平台上，对焊机进行观察。此时整台设备尚处于卷板作业过程中。

1时10分左右，庞某某要求黄某某将焊机的C型架从工作侧移至传动侧。黄某某在确认庞某某的站立位置后，操作焊机移动，并到操作面板右侧进行观察，发现庞某某已被卡在C型架和电气柜间。

事故发生后，黄某某立即按下急停按钮，并电话通知附近作业人员，之后拨打“120”急救电话。1时30分左右，“120”急救人员到达现场，将庞某某送往医院急救。3时55分，庞某某经抢救无效死亡。

（3）事故原因分析

1）直接原因

检修作业人员未遵守公司抢维修作业安全注意事项的要求，在未落实好安全措施并悬挂检修牌的情况下，进入维修平台，致使运行中的焊机C型架将其挤压致死。

2）间接原因

①技术服务公司对检修作业人员开展检修技能培训工作不力，未能确保检修作业人员熟悉焊机设备所处环境，选取合适位置开展故障判断作业。

②操作人员在设备运行过程中，未按规定停止设备运行，并阻止抢维修作业人员进入设备运行区域。

（4）事故教训和整改措施

1）技术服务公司要进一步落实安全生产主体责任，进一步落实对作业人员的培训教育工作。要从本质安全的角度，特别注重加强对作业人员的技能培训。要督促从业人员熟悉有关的安全生产规章制度，严格遵守安全操作规程，提高从业人员自我保护意识，全面掌握本岗位的安全操作技能和安全操作规程。

2）公司甲要结合本起事故所暴露出来的问题，进一步细化包括承包单位作业人员在内的培训计划，督促相关承包单位开展安全教育培训工作。

3）公司甲对于生产现场所反映出来的安全防护漏洞，要举一反三地开展事故隐患排查工作，并在此基础上做好操作规程及其他相关技术文件的修订、宣贯工作。

（5）相关知识与管理借鉴

在这起事故中，发生事故的检修工已经50岁了，按常理讲，这个年龄应该做事稳重、思虑周全，不应该发生被运行中的设备挤压这样的低级错误。从事故间接原因来看，检修工不熟悉设备环境，检修作业又是夜半时分，估计在这样的位置光线也不会明亮，再加上急于发现故障，由此而忽略了自身安全。故此，事故单位应吸取教训，应协助检修人员尽快熟悉环境，并配发夜间作业使用的照明工具，这些对于避免此类事故会很有帮助。

4. 配重轮未设置防倾倒装置失稳倾倒导致人员伤害

2011年3月21日11时10分左右，北京某机械有限公司（本案例简称机械公司）在厂内修理颚式破碎机配重轮时，发生一起机械伤害事故，造成1人死亡。

（1）企业基本情况

机械公司成立于2004年7月，主营为机械加工，有员工近千人，各类专业技术人员350多人，拥有国内外先进设备230多台（套）。

（2）事故经过和救援情况

2011 年 3 月 21 日，机械公司一车间班长高某某，安排班组员工王某某和吕某某修理颚式破碎机配重轮。颚式破碎机配重轮为圆形，直径 1530 毫米，宽 370 毫米，轮孔内径 200 毫米，质量约 1.2 吨。

两人完成修理后开始安装，安装过程中，由于颚式破碎机配重轮内径不匹配，未能安装成功，吕某某和王某某便用千斤顶把配重轮拆下来放在车间地面上。随后，吕某某控制电动单梁起重机开关，王某某扶着配重轮，将配重轮用电动单梁起重机吊到地面上。由于配重轮吊装位置不合适，吕某某控制电动单梁起重机开关将吊绳放松后，吕某某和王某某将配重轮向北推动约 10 厘米，调整到便于修理的位置后，吕某某和王某某用一根螺杆倚在配重轮南侧，并将一把自制焊锤倚在配重轮北侧，配重轮东西两侧未放置任何防倾倒设施。此时，配重轮南北直立放置，电动单梁起重机的吊绳处于倾斜状态。王某某坐在配重轮东侧的椅子上，面朝西用手持电动磨锯打磨配重轮轮孔内径。吕某某由于眼睛进了异物便走出了车间。王某某进行了约 1 小时的打磨作业。

11 时 10 分许，附近作业人员张某某听到王某某呼喊救命，便和班长高某某一同前往现场查看。来到现场，两人发现王某某坐在地上，面色苍白，配重轮正压在王某某的小腹上，高某某和张某某利用电动单梁起重机将配重轮吊走后，和其他两名工人一起将王某某抬出，随即拨打了“120”急救电话，25 分钟后 120 急救人员来到现场后，把王某某送往医院进行抢救，王某某经抢救无效死亡。

（3）事故原因分析

1）直接原因

维修破碎机配重轮时，东西两侧未放置防倾倒设施，致使王某某在用手持电动磨锯打磨配重轮轮孔内径时，配重轮失稳倾倒。

2）间接原因

①机械公司未落实安全生产检查制度，未及时消除车间维修配重轮时未放置防倾倒设施的事故隐患。

②车间和班组管理人员未履行职责，及时检查、消除工人操作过程中的生产安全事故隐患；安全管理人员未组织制定并监督实施临时维修较大工件的安全措施方案。

（4）事故教训和整改措施

这是一起由于作业人员在维修设备时未设置防倾倒设施而导致的生产安全责任事故，暴露出作业人员安全意识淡薄的情况，现场未进行安全技术交底。

1）事故单位应重视安全管理工作，做好操作人员的安全教育，加强对工作过程的监督检查，发现隐患应及时消除。

2）作业人员应树立自我保护意识，加强安全知识学习，提高安全操作技能，杜绝违章操作。

3）事故单位应吸取事故教训，在维修较大工件时，应做好安全措施方案，并对作业人员进行安全技术交底。

（5）相关知识与管理借鉴

机械制造企业发生的大多数事故，过程比较简单，直接原因清晰，因果关系明确，不像煤矿、化工事故具有许多不确定的外在因素，也很少出现群死群伤现象。从这起事故过程来看，主要是王某某、吕某某在维修配重轮时采取的安全措施不当，没有在配重轮两侧设置防倾倒装置所致。

维修配重轮是一项经常性的作业，如果车间没有专用防倾倒装置，那么就是管理上的重大疏漏；如果有，但是作业人员嫌麻烦没有使用，那么就是作业人员违章作业。

需要注意的是，下述原因造成的事故，应追究企业安全管理方面的责任：

1）没按规定对员工进行安全教育和技术培训，或员工未经工种考试合格就上岗操作。

2）缺乏安全技术操作规程或规程不健全。

3）安全措施、安全信号、安全标志、安全用具、个体防护用品缺乏或有缺陷。

4）设备严重失修或超负荷运转。

5）对事故熟视无睹，不采取措施，或挪用安全技术措施经费，致使重复发生同类事故。

6）对作业现场缺乏检查或指导错误。

5. 人员冒险进入压合机进行插线导致人员伤害

2011 年 6 月 9 日 23 时 28 分左右，北京某车灯有限公司（本案例简称车灯公司）在对 FDC R/C 生产线（尾灯生产线）的压合机热板控制柜进行插线时，发生一起机械伤害事故，造成 1 人死亡。

（1）企业基本情况

车灯公司是一家生产汽车灯的外商独资企业，成立于 2003 年，主要生产汽车前大灯、后尾灯、室内灯、高位刹车灯、雾灯等。公司有员工约 400 人。

（2）事故经过和救援情况

车灯公司 FDC R/C 生产线的压合机于 2009 年下半年投入生产使用，事故发生前该公司无该设备的中文使用说明书。该压合机的操作规程和公司相关资料文件中没有关于如出现机械伤害等紧急情况应如何处理的说明。

发生事故的 FDC R/C 生产线的压合机，在公司车间内南北向摆放，该压合机高约 2.8 米、长约 2.2 米、宽约 2.0 米。压合机分前后两门，均有安全锁，机器在自动加工模式下打开前门或后门时，机器停止工作。机器在手动操作模式时，安全锁不起作用。前门（位于压合机南侧）有一玻璃透视窗，便于操作人员观察机内情况，该透视窗分上下两部分，可上下拉动打开。设备控制台位于前门东侧，距地约 1.6 米，距透视窗水平距离约 0.2 米。控制台分为手动按钮盒和触摸控制屏两部分，均在显著位置设置了红色紧急制动按钮。后门（位于压合机北侧）分东西两扇门，打开门后，门内有一距地高约 1.2 米的钢制横担，横担与压合机热板夹具平台同一水平面，横担西侧有一钢制梯，横担与压合机热板夹具平台（平台此时在前门原点处）间有宽约 0.75 米的空间，空间下有一个集成电磁阀柜，集成电磁阀柜东侧有一个显著的红色紧急制动按钮。

2011 年 6 月 9 日 23 时 28 分左右，车灯公司组装二班 FDC R/C 生产线压合机操作人员李某某和作业员史某某，将一个新热板推入压合机，李某某在前门固定热板，史某某则走向后门，准备给热板控制柜插线。在热板被固定完毕后，李某某启动压合机，按动热板夹具平台行程按钮，准备将热板夹具平台行至后门原点处。

刚按下启动按钮，便听见压合机内有人呼喊，透过压合机前门的透视窗，李某某发现史某某被热板夹具平台挤在了压合机内，于是按下了压合机触摸控制屏上回程键（此种情况下，按下回程键是无效的），热板夹具平台继续前行至后门原点，从后门原点返回到前门原点处后，李某某跑到后门处，发现史某某已经躺在了后门外的地上。之后，史某某被送往医院，经抢救无效死亡。

（3）事故原因分析

1）直接原因

①压合机操作人员史某某冒险进入压合机内部对热板控制柜进行

插线。

②压合机操作人员李某某未确认压合机内是否有人的情况下，开启压合机，按下热板夹具平台行程按钮。

③在发现史某某被热板夹具平台挤压后，李某某操作不当，未能及时按下红色紧急制动按钮，以使热板夹具平台停止前进，而是按下了压合机触摸控制屏上回程键，导致热板夹具平台继续前行至后门原点处后才返回前门原点，造成史某某被二次挤压。

3）间接原因

①车灯公司安全生产教育培训存在漏洞，史某某未经安全生产教育培训考试合格即上岗作业。

②车灯公司压合机操作规程存在漏洞，未能明确规定作业人员在更换热板时，不应进入压合机内对热板控制柜进行插线作业。

③车灯公司未针对压合机的紧急情况处置对员工进行告知和培训演练，造成一线员工未掌握紧急情况下的事故应急处置方法和措施。

④车灯公司对夜班的生产作业现场缺乏安全生产检查，无夜班安全生产检查记录，未能及时发现和消除夜班生产作业现场的生产安全事故隐患。

（4）事故教训和整改措施

这是一起由于作业人员违章操作、作业现场安全管理无序、发生紧急情况不能有效应急处置而导致的生产安全责任事故，应从事故中吸取如下几点教训：

1）对于操作人员必须进行岗前培训，使其能够熟练地操作本岗位设备，若不能熟练地操作本岗位设备，应委派熟练人员或管理人员带岗，不能让其独立操作。

2）对于进口设备更应熟知其操作规程，使管理人员、操作人员经培训熟悉设备各项功能，未经培训的人员不得上岗。

3）生产经营单位应当落实安全生产责任，建立健全规章制度和操作规程，对于检查中存在的问题，要及时整改。

（5）相关知识与管理借鉴

导致这起事故的发生有三个因素，一是操作人员史某某冒险进入压合机内部对热板控制柜进行插线；二是操作人员李某某未确认压合机内是否有人的情况下开启压合机，按下热板夹具平台行程按钮；三是在发现史某某被热板夹具平台挤压后，李某某操作不当，造成二次挤压。从事故经过来看，作业人员处于机械、麻木的工作状态，再加上午夜时分人员精神状态不佳，思想上也存在麻痹大意，相互配合作业却缺乏沟通交流和互相关照，也是导致事故的重要因素。

企业的安全管理，应主要从三个方面着手：一是从规章制度着手，用规章制度约束操作者和管理者的行为，这是安全管理的基础；二是从教育培训着手，通过教育培训增强操作者和管理者的安全意识，提高其遵守规章制度的自觉性；三是从技术措施和管理方法上着手，通过实施有效的技术措施，提高安全生产的可靠性和提高设备设施、技术措施的可靠性。

除此之外，在企业安全管理中，还需要注意纠正管理人员和操作人员的麻痹大意心理和忽视安全的思想。机械制造企业事故发生率相对较低，特别是重大伤亡事故发生率更低，容易导致管理人员和操作人员产生麻痹思想。尤其是在日复一日的重复性生产中，管理人员和操作人员都容易滋生“干惯了”和“看惯了”的心理。“干惯了”有可能是违章作业干惯了，这是安全生产的大忌。实践证明，虽然每次违章不一定都出事故，但每次事故都必定存在违章的成分。“看惯了”有可能是对违章行为看惯了，这也同样是安全生产的大忌，它助长了违章行为的蔓延和发展。针对麻痹大意、忽视安全的心理和思想，企业应尽可能创造条件，举办形式多样的安全教育活动以及其他安全活动，以提高企业员工的安全意识，使安全生产的警钟长鸣、永不松懈。

6. 移动台车违规运行挤压焊接人员

2015年11月6日15时40分左右，上海某工贸有限公司（本案例简称工贸公司）作业人员，在上海某重工有限责任公司（本案例简称重工公司）组立平面车间进行作业过程中，发生一起机械伤害事故，造成1人死亡。

（1）企业基本情况

1）企业相关情况

工贸公司经营范围包括钢结构件、机械、电气设备的制作等。

重工公司经营范围包括钢结构、港口机械、机械电子设备、船舶、船用设备制造等。

2）合同签订情况

2014年12月26日，重工公司（甲方）和工贸公司（乙方）签订船舶工程制造承揽合同，工程履行期限自2015年1月1日至2015年12月31日。双方同时签订了工程承发包安全生产管理协议。

（2）事故经过和救援情况

2015年11月6日15时40分左右，工贸公司装配班组长吴某站在526分段的西南侧，使用手持式遥控器操纵分段搬运用台车（本案例简称台车），由西向东依次穿越526、536等分段底部，准备使用台车将放置在最前端的分段移动至靠近车间门口的升降台上。

吴某一边操纵台车，一边向班组成员刘某某布置下一步作业内容，在意识到尚未确认台车移动路线的情况时，随即停止了台车移动，并前去确认台车前方的情况，发现台车已挤压到蹲立在 526 分段与 536 分段之间、正在台车轨道上进行焊接作业的王某某。

事故发生后，吴某随即与现场作业人员一起将王某某救出，又让现场作业人员拨打“120”急救电话。15 时 55 分左右，“120”急救车赶到，王某某随即被送至医院抢救，18 时左右，王某某因抢救无效死亡。

（3）事故原因分析

1）直接原因

台车操作人员在移动台车时，未检查前方轨道上的情况，导致台车在移动过程中，挤压到蹲立在轨道上方进行焊接作业的人员。

2）间接原因

①工贸公司未有效监督从业人员严格执行安全生产规章制度和安全操作规程。台车操作人员在移动台车过程中，未按规定对轨道情况进行检查；焊接作业人员未按照日常教育的要求，避免蹲立在轨道上进行作业；焊接班组长履职不力，未及时叫停作业人员蹲立在轨道上方进行焊接的行为。

②重工公司对设备（台车及轨道）进行事故隐患排查工作存在漏洞。未能辨识出作业人员蹲立在台车轨道上方进行焊接时，存在被台车挤压的事故隐患。

（4）事故教训和整改措施

1）加大规章执行力度。工贸公司各级管理人员要切实采取措施，督促现场作业人员严格执行安全生产规章制度和安全操作规程，及时制止和纠正作业过程中各类违章、违规行为。重工公司要加大对分包公司落实安全生产责任制以及安全管理有效性的监督，督促其切实、有效地履行安全生产管理职责。

2）采取本质安全措施。重工公司和工贸公司要结合生产过程，进一步加大对现场设备设施的事故隐患排查力度。要从本质安全角度，对设备本体采取防范措施，对操作设备采取限制措施，从根本上消除事故隐患。

3）合理安排生产工作。重工公司要会同各分包公司，进一步分析实际作业能力，在此基础上合理安排生产作业，严格防止分包公司超产能生产的现象。

（5）相关知识与管理借鉴

这起事故主要是因交叉作业导致的。台车很大，长 25 米，操作中容易遮挡操作人员的视线，而蹲立在地上进行焊接作业人员相对较小，两者相距几十米，焊接作业人员很容易被遮挡。此外，台车操作人员精力不集中，一边与人说话，一边进行操作，忽视了对前方情况的观察。

《中华人民共和国安全生产法》（以下简称《安全生产法》）明确规定，两个以上生产经营单位在同一作业区域内进行生产经营活动，可能危及对方生产安全的，应当签订安全生产管理协议，明确各自的安全生产管理职责和应当采取的安全措施，并指定专职安全生产管理人员进行安全检查与协调。

7. 违规进入机床内检修导致人员伤害

2015 年 3 月 19 日 14 时 45 分，江苏某精密科技有限公司（本案例简称精密科技公司）维修工人，在公司甲铝车轮一号线对 B503 机床检修作业过程中，发生一起机械伤害事故，造成 1 人死亡，直接经济损失 80 万元。

（1）企业基本情况

精密科技公司成立于 2006 年，有员工 25 人，经营范围包括数控机床的研发、设计、装配、销售等。

公司甲成立于 1988 年 5 月，经营范围包括铝合金轮毂制造、模具制造、铸造机械制造等。有员工 3 156 人。

2014 年 10 月 20 日，精密科技公司与公司甲签订设备售后服务协议，负责精密科技公司在公司甲数控设备和设施的售后维修、维护保养。

（2）事故经过和救援情况

2015 年 3 月 19 日 14 时 45 分，精密科技公司检修人员李某某和张某，对公司甲铝车轮一号线 B503 机床进行维修保养时，在对设备的换刀总成进行检查过程中，张某坐在机床上部换刀总成左侧，观察刀套上升、下降动作是否正常；李某某在机床外部操作面板处配合操作，在执行刀套下降和上升指令时，发现刀套上升、下降出现故障，故采取更换刀套的措施。李某某在未采取对机床断电或按下急停按钮的情况下，进入机床内部，在拆卸刀套的刀盘护板下部固定螺栓时，由于数控设备信号线存在故障，主轴异常迅速地向换刀总成原点方向横向移动，将正在进行拆卸螺栓作业的李某某头部夹在换刀总成和主轴之间。

事故发生后，B503 机床对面正在维修 B501 机床的公司甲员工朱某某和精密科技公司张某均听到了“啊”的一声，朱某某循着声音回头看，发现李某某被 B503 主轴和换刀总成夹住了，他立即从 B501 跑到距 3 米远的 B503 控制盘处按下急停按钮，将设备改为手动操作模式，将主轴沿着 X 轴向远离换刀总成方向挪开后，李某某直接倒在机床里的操作面上。此时，精密科技公司张某也从数控设备顶部迅速下到地面对受伤人员进行救援。过了一会儿，公司甲救援车及时赶到事发现场，在场人员共同将伤者抬上救援车，送往医院抢救，李某某于 3 月 19 日 16 时 22 分死亡。

（3）事故原因分析

1）直接原因

精密科技公司公司检修人员李某某在未对机床采取断电、按下急停按钮的情况下，违规进入机床内检修作业，由于数控设备信号线存在故障，主轴向换刀总成原点方向横向移动，将其头部夹在换刀总成和主轴之间，导致事故发生。

2）间接原因

①精密科技公司安全管理工作不到位，现场维修作业安全监管不到位，对员工存在的违章作业行为，未能及时发现并有效制止。

②精密科技公司对员工安全教育培训不到位，员工的安全意识淡薄，未做到确保安全生产。

③精密科技公司安全互保措施未得到落实。

④公司甲对外委单位人员安全督导检查不到位。

（4）事故教训和整改措施

这是一起因违章操作、安全教育培训不到位、安全管理不到位而引发的生产安全责任事故。为防止类似事故再次发生，总结本起事故教训，在今后工作中企业必须严格落实安全生产有关法律法规，加强安全教育培训和安全管理，让每一位员工都能提高安全防范意识，举一反三，杜绝“三违”现象，防止类似事故再次发生，确保企业安全生产。

1）精密科技公司要强化员工作业前的安全告知、安全交底及危险源辨识工作，制定安全防范措施，并督导检查人员的落实情况。

2）精密科技公司要加强安全教育培训工作。公司要对全体员工进行一次全面培训，特别是要做好对新员工的安全教育培训，并进行认真的考核，使每位员工都掌握本岗位的管理制度和操作规程，了解本岗位存在的风险，提高员工的安全操作技能和安全防护意识。

3）精密科技公司要加强日常安全检查力度，及时发现并纠正员工在保养、维修作业过程中存在的“三违”行为。同时，强化企业班组管理，防止员工违章操作，杜绝习惯性违章。加强联保、互保，使安全生产工作真正落到实处。

4）公司甲要举一反三，加强对所有外委单位人员的安全监管力度，确保生产安全。

（5）相关知识与管理借鉴

检修作业属于非正常作业，但容易发生事故，因此在要格外注意安全，按照规程规范作业，不能麻痹大意。

检修作业前要注意以下事项：

1）检修前，当设备检修涉及高处、动火、动土、断路、吊装、有限空间等作业时，须按相关作业安全规范的规定执行。

2）临时用电应办理用电手续，并按规定安装和架设。

3）设备使用单位负责设备的隔绝、清洗、置换，合格后交出。

4）检修项目负责人应与设备使用单位负责人共同检查，确认设备、工艺处理等是否满足检修安全要求。

5）应对检修作业使用的脚手架、起重机械、电气焊用具、手持电动工具等各种工器具进行检查；手持式、移动式电气工器具应配有漏电保护装置。凡不符合作业安全要求的工器具不得使用。

6）对检修设备上的电源，应采取可靠的断电措施，确认无电后在电源开关处设置安全警示标牌或加锁。

7）对检修作业使用的气体防护器材、消防器材、通信设备、照明设备等应安排专人检查，并保证完好。

8）对检修现场的梯子、栏杆、平台、箅子板、盖板等进行检查，确保安全。

9）对有腐蚀性介质的检修场所应备有人员应急用冲洗水源和相

应防护用品。

10）对检修现场存在的可能危及安全的坑、井、沟、孔洞等应采取有效的防护措施，设置警告标识，夜间应设警示红灯。

11）应将检修现场影响检修安全的物品清理干净。

12）应检查、清理检修现场的消防通道、行车通道，以保证畅通。

13）需夜间检修的作业场所，应设满足要求的照明装置。

14）检修场所涉及的放射源，应事先采取相应的处置措施，使其处于安全状态。

8. 不关机不停电违章作业导致伤害

2018 年 4 月 10 日 10 时 40 分左右，保定某橡胶输送设备有限公司（本案例简称橡胶输送设备公司）在制作橡胶输送带的卷片过程中发生一起机械伤害事故，造成 1 人死亡，直接经济损失约 95 万元。

（1）企业基本情况

橡胶输送设备公司于 2015 年 3 月注册，经营范围包括制造、加工、销售输送带等。

（2）事故经过和救援情况

橡胶输送设备公司密炼生产线定岗 4 人，事故发生前有 1 名员工因身体不适已有数天未上班，当天只有 3 人。密炼生产线共有三道工序：其中李某某负责密炼，为第一道工序；段某某负责出片，为第二道工序；林某某负责卷片，为第三道工序。

2018 年 4 月 10 日 10 时 40 分左右，段某某发现林某某没有接片，就到林某某作业地点查看，发现林某某上半身已经被橡胶片及其垫布卷在卷片机的方管轴上。段某某发现后受到惊吓大声哭喊，李某某急忙跑过去关掉电源并大声呼喊救人。听到呼喊后，车间主任张某某和其他员工一起将林某某救出，同时拨打了“120”急救电话，并立即电话通知了企业负责人。接到报告后，企业负责人急忙驱车赶回公司，并将林某某送往医院，后经抢救无效死亡。

（3）事故原因分析

1）直接原因

林某某在未关闭卷片机电源进行停机或者未将卷片机转动轴与轴套之间的离合器分离的情况下，违章冒险作业，致其上身被旋转的橡胶片及其垫布缠卷，造成机械伤害。

2）间接原因

①橡胶输送设备公司风险管控和隐患排查治理不到位。该密炼生产线的凉片机和卷片机均未设置任何安全防护装置急停开关，企业对其设备存在的事故隐患未做到及时排查和治理。

②橡胶输送设备公司安全培训教育不到位。员工安全培训教育档案不健全，安全意识不强，缺乏必要的安全知识，对紧急情况缺乏应急处置能力。

③橡胶输送设备公司安全管理不善。安全生产责任制落实不到位，车间负责人未认真履行安全管理职责，安全管理和巡查不到位，对现场作业人员违规操作的行为未能及时发现并有效制止。车间内没有悬挂有关岗位责任制和设备安全操作规程，厂房内作业区域和设备危险部位未设置安全警示标识。

④橡胶输送设备公司劳动组织不合理。该密炼生产线定员为 4 人，事故前有 1 名员工因身体不适请假已经数天未上班，但车间主任未及时进行必要的人员补岗，造成该生产线实际作业的只有 3 人。

（4）事故教训和整改措施

1）橡胶输送设备公司要强化安全生产主体责任的落实。严格遵守国家安全生产法律、法规、标准和规范，建立健全安全生产责任制、安全生产管理制度和安全操作规程，杜绝违章行为，真正吸取事故教训，始终坚持安全第一，严防生产安全事故再次发生。

2）橡胶输送设备公司要完善各类设备设施的安全防护装置。按照相关规定要求，对运转的传送带、齿轮、联轴节等处，安装完善、符合国家标准的安全防护装置；按照规定要求，在有关设备上安装紧急停车开关，保证紧急情况时，能迅速终止设备运动；在生产区域和危险设备上设置安全警示标识。

3）橡胶输送设备公司应立即开展事故隐患排查治理，明确整改措施、时限、资金和预案，确保企业符合国家规定的安全生产条件。要认真吸取本起事故教训，深入开展安全警示教育和安全培训，确保安全生产。

（5）相关知识与管理借鉴

导致这起事故的主要原因还是作业人员的违章冒险行为，即在不停机、不关闭电源的情况下，违章冒险作业，致其上身被旋转的橡胶片及其垫布缠卷，造成机械伤害。

除此之外，还有一个因素也应该引起注意，那就是该密炼生产线的凉片机和卷片机均未设置任何安全防护装置和电气急停开关，企业对设备存在的事故隐患未做到及时排查和治理。也就是说，对该设备没有实现机械设备的安全基本原则。

机械设备的安全基本原则是：

1）机械设备及其零部件，必须有足够的强度、刚度和稳定性，在按规定条件制造、安装、运输、储存和使用时，不得对人员造成危险。

2）机械设备的设计，必须履行安全人机工程的原则，以便最大限度地减轻操作人员的体力和脑力消耗以及精神紧张状况。

3）机械设备的安全，应通过以下途径予以保证：

①选择最佳设计方案，并严格按照标准制造、检验。

②合理地采用机械化、自动化和计算机技术。

③采用有效的防护措施。

④安装、运输、储存、使用和维修的技术文件，应载明安全要求。

⑤在使用过程中，机械设备不得排放超过标准规定限值的有害物质。

4）机械设备的设计，应进行安全性评价。当安全技术措施与经济利益发生矛盾时，则应优先考虑安全技术上的要求，并按直接安全技术措施、间接安全技术措施、指示性安全技术措施的等级顺序选择安全技术措施。其中，直接安全技术措施是指机械设备本身应具有本质安全性能，保证不会出现任何危险。间接安全技术措施是指当直接安全技术措施不能或者不完全能实现时，必须在机械设备总体设计阶段，设计出一种或多种可靠的安全防护装置。安全防护装置的设计、制造任务不应留给用户去承担。

5）在使用过程中，机械设备不得排放超过标准规定的有害物质。

6）机械设备在整个使用期限内均应符合安全卫生要求。

9. 未停机违章冒险作业造成机械伤害

2015 年 12 月 20 日 4 时 30 分左右，保定市某机械制造股份有限公司（本案例简称机械公司）二车间发生一起机械伤害事故，造成 1 人死亡，直接经济损失 87 万元。

（1）企业基本情况

机械公司成立于 1998 年，经营范围包括汽车零件加工、销售，有员工约500人。

（2）事故经过和救援情况

机械公司实行两班工作制，每班12小时，事故发生在2015年12月19日至20日作业时间段。

事发时该生产车间当班共有2个班组，一是造型生产线班组，二是电炉班组，共有10名员工，事故发生在造型生产线班组。在此工作时段，车间带班负责人是车间副主任兼造型生产线班组长佟某某，佟某某负责造型生产线班组和电炉班组的设备维护保养及操作人员操作规程、操作技能的培训和劳动纪律管理。当时佟某某正在替补当班请假的员工肖某某岗位的工作，肖某某的工作是从事吊装铁水包作业。

20日凌晨4时30分左右，造型生产线班组的造型机操作员贾某某离开操作岗位到距离造型机5.5米远、距地面高度4米的漏斗平台上清理砂土漏斗，此时佟某某来到造型机处巡查，发现刚加工完毕的砂型上方外侧边缘有多余的废砂土，便将身子和头部伸入到反压板与砂型之间，右手用铁棍清理砂型，身体挡住了光电保护装置的光栅，设备停止了运转。10秒后，佟某某继续往前伸手调整砂型外侧的挡板，身体离开了光电保护装置的光栅，电源接通，反压板与正压板按照既定的程序运行，将佟某某的胸部和头部卡在反压板立柱与砂型之间。佟某某挣扎脱身时将光栅一侧的立柱碰歪，光栅保护失效，反压板又继续向终端位置运行，将佟某某紧紧挤压住，导致了事故的发生。

佟某某被挤压约10秒后被发现，现场人员尝试将设备反向运转未成功，随后用工具将反压板下面的两个砂型敲碎，将佟某某从造型机反压板立柱和砂型之间拖出来，救援时间约10分钟。单位人员开车迅速将佟某某送到医院实施抢救，经抢救无效死亡。

（3）事故原因分析

1）直接原因

佟某某安全意识淡薄，无视安全操作规程，未采取停机措施，违章冒险作业导致事故发生。

2）间接原因

①机械公司在安全生产教育和督促从业人员严格执行企业的安全规章制度和安全操作规程、监督检查员工“三违”行为和及时纠正违章作业方面执行力度不够，员工在安全生产工作执行方面存在薄弱环节。

②机械公司在安全生产的自保互保方面有待改进，企业的安全管理水平有待提高。

（4）事故教训和整改措施

1）机械公司在教育和督促从业人员严格执行本单位的安全规章制度和安全操作规程、监督检查员工“三违”行为和及时纠正违章作业方面，要加大力度、严格管理、采取有力措施，提高安全管理水平。

2）机械公司要针对人员、工作、劳动条件等实际情况，有针对性地推行安全管理制度，如安全互保制度，通过安全制度的约束作用降低事故发生率。

3）机械公司要加强安全教育和安全管理，提高员工的安全意识，增强班组长的责任心，提高安全管理水平。

（5）相关知识与管理借鉴

发生事故的设备是自动射压式造型机。这种造型机的主要功能是将松散的型砂填入砂箱中，通过震实、压实、震压、射压等不同方法，使其紧实，以在搬运和浇注等过程中具有必要的强度。

这种自动造型机具有省时省力、效率高、成品率高的特点，同时功能齐全。为了防止误操作而造成设备损害，操作人员必须经过培训后方可操作。遇到紧急情况需要处理，当模型门打开或安全光栅有遮挡物时，设备会进入休眠状态，各动作均会停止，可防止造成人员伤害或设备损坏。如遇到突发状况，可按下急停按钮，然后操作模式旋至“手动”，再手动完成所需的动作。

在对自动造型机进行检修，或者对砂型进行修理时，应断开总电源和气源，使造型机不再运转。在这起事故中，作为造型生产线班组长佟某某，应该很熟悉安全操作规程，但是事发时因疏忽大意，未采取停机措施进行违章冒险作业，并由此导致事故发生。由此可见，如果违反设备安全操作规程，即使有再多的安全措施都是无效的。

10. 未切断混砂机电源清理皮带导致伤害

2014 年 6 月 8 日 13 时 40 分许，沧州某金属工业有限公司（本案例简称金属公司）发生一起机械伤害事故，造成 1 人死亡，直接经济损失约 75 万元。

（1）企业基本情况

金属公司成立于 2003 年 9 月 17 日，经营范围包括生产汽车配件、铸件及其机械设备等。公司有员工 40 人，引进 AMF 自动铸造生产线一条、F1 生产线一条，共有车间 4 个，分别是铸造一车间、铸造二车间、后处理车间、检验车间。

事故发生在铸造二车间，该车间启用 AMF 生产线一条，车间主任 1 人，班长 1 人（兼混砂工、维修工），电炉工 1 人，炉前工 2 人，生产工艺流程为：废铁经电炉熔成铁水，分析并调整碳硅含量后，浇铸到模具中，冷却后，经振动筛下线。

（2）事故经过和救援情况

2014 年 6 月 8 日（星期日），金属公司加班生产。张某甲是铸造二车间班长兼混砂工、维修工，主要负责操作开关按钮控制混砂机，按照配比将砂子、煤粉、膨润土、水混合到一起成型，经过皮带输送到造型岗位，同时负责将皮带上掉落到地上的砂子用平锹铲到传送带或者砂箱里。

13 时 40 分左右，因湿砂掉落到混砂机 1 号供砂皮带滚轮上，造成 1 号供砂皮带跑偏，张某甲用手清理时，左手不慎被皮带卷入，随即头部及上半身被滚轮卷入造成挤压，传送皮带被卡住停止运转。造型工王某某发现生产线上没有砂子了，喊张某甲没有得到回应，就到混砂机处查看，发现张某甲上半身被皮带卷入的情况后，立即切断电源，喊人施救。

事故发生后，现场人员立即将情况报告了车间主任王某某，王某某立即赶到现场组织人员施救，剪断传送带将张某甲救出，并电话通知常务副总经理张某乙。张某乙赶到现场后立即拨打“120”急救电话，2 分钟后，救护车到达现场，工人将张某甲抬上救护车，张某乙跟随救护车一起到达医院。经过半个多小时的抢救，张某甲经抢救无效死亡。

（3）事故原因分析

1）直接原因

张某甲违反操作规程，在未切断混砂机电源的情况下检修清理机器皮带，左手不慎被皮带卷入，继而头部及上半身被滚轮挤压，导致其受伤死亡。

2）间接原因

①金属公司安全生产主体责任落实不到位，相关负责人对安全管理工作重视不够，公司未设置专门的安全管理人员。

②金属公司安全管理流于形式，虽然建立了相关安全生产规章制度，在实际运行中未能严格督促工人落实安全管理制度及安全操作

规程。

③金属公司安全教育培训不到位，企业负责人和负有安全管理责任的人员对安全生产法律法规不了解，从业人员安全意识薄弱，对违章作业的危险性认识不足。

（4）事故教训和整改措施

1）深刻吸取事故教训。金属公司要深刻吸取事故教训，举一反三，坚决贯彻“安全第一、预防为主、综合治理”方针，牢牢坚守“发展不能以牺牲人的生命为代价”这条红线，强化企业日常安全管理，明确安全职责分工，把安全管理落实到领导、部门和岗位，坚决杜绝各类生产安全事故的发生。

2）加强安全培训教育。金属公司要持续不断地加强员工培训教育，全面提高从业人员专业素质及安全意识，使广大从业人员真正了解作业场所、工作岗位存在的危险有害因素，掌握相应的防范措施、应急处置措施和安全操作规程，切实增强安全操作技能，杜绝“三违”现象的发生。

3）开展安全生产大检查。金属公司要结合本起事故情况，在公司内部全面开展安全检查及隐患排查活动，对检查中发现存在问题的部位要制定切实可行的解决方案，做到“整改责任人、时限、资金、措施、预案”五落实，并按照规定进行整改验收，确保安全生产工作切实有效地进行。

（5）相关知识与管理借鉴

在这起事故中，金属公司安全教育培训不到位，在实际运行中未能严格督促工人落实安全管理制度及安全操作规程，是导致事故发生的重要原因。

《安全生产法》明确规定：生产经营单位应当对从业人员进行安全生产教育和培训，保证从业人员具备必要的安全生产知识，熟悉有关的安全生产规章制度和安全操作规程，掌握本岗位的安全操作技能，了解事故应急处理措施，知悉自身在安全生产方面的权利和义务。未经安全生产教育和培训合格的从业人员，不得上岗作业。

企业对员工进行安全教育和技术培训，不仅是履行法律法规的规定，也是生产作业中的实际需要。安全教育和技术培训是指通过不同形式和途径的安全教育和培训，使员工掌握安全方面应有的知识和操作方法，使安全落实于生产始终。安全教育不仅仅是为了学习安全知识，更重要的是要学会应用安全知识。

11. 违章疏通落料口导致机械伤害

2016 年 3 月 31 日 5 时 20 分许，青岛某制罐有限公司（本案例简称制罐公司）发生一起机械伤害事故，1 名操作工被金属打包液压机挤压当场死亡。

（1）企业基本情况

制罐公司系中外合资企业，成立于 2011 年 4 月 1 日，主要从事生产、销售大缩颈易开罐及其他包装制品，有员工约 130 人。

（2）事故经过和救援情况

2016 年 3 月 31 日凌晨 5 时 20 分左右，制罐公司生产设备冲杯机停机，当班技术员孙某和操作工刘某某前去检查停机原因，发现冲杯机边料吸附管道堵塞，判断压块机机房的抽风机堵塞。刘某某前去查看，发现操作工宫某某头向下料口、背对压块机盖，被压在压块机内，刘某某随即先后通知技术员孙某、当班领班经理蔡某和电气领班张某某。

事故发生后，现场人员将宫某某从设备中救出，拨打了“120”急救电话并报警，宫某某被送往医院经确认已经死亡。

（3）事故原因分析

1）直接原因

操作工宫某某忽视和违反安全规程及生产操作守则，违章进入压块机料仓内部对落料口进行疏通，是导致本起事故发生的直接原因。

2）间接原因

①废料收集压块系统集成设计考虑不周，设备设施安装调试验收不规范，系统整体本质安全性不高，是造成此起事故的间接原因。

②企业主体责任落实不到位。制罐公司安全管理不严格，企业建设竣工投产后对安全生产设施没有及时验收和评价。

③事故隐患排查治理不细致，安全生产设备设施隐患长期存在，岗位操作规程制定不完善。

④新员工“三级”安全生产教育培训有缺失，班组培训后，对新上岗员工没有及时进行全面的考核判定。

（4）事故教训和整改措施

1）严格落实企业主体责任，加强现场安全管理。制罐公司必须认真贯彻执行安全生产法，依法建立健全公司的安全生产岗位责任制及安全生产管理制度，完善企业安全生产应急预案，完善各种安全操作规程。

2）严格各项监督检查制度落实，认真开展隐患排查治理和自查自改，及时排查、消除在生产过程中的各类事故隐患，提高防护能力，并对监控设施进行完善，增加关键节点监控。

3）认真吸取事故教训，按照“四不放过”原则（事故原因未查清不放过、责任人员未处理不放过、整改措施未落实不放过和有关人员未受到教育不放过），加强员工安全教育。制罐公司要以本起事故的教训为契机，深入开展安全生产教育、讨论活动，要结合企业的实际情况，制定切实可行的安全管理规章制度和操作规程；认真落实安全生产教育培训工作，完善“三级”安全教育培训档案，强化员工遵章守法的安全意识。

（5）相关知识与管理借鉴

事故之后，经专家组成员与当事企业管理人员、操作人员、检修人员、技术人员讨论交流，研究操作规程及相关工艺，并现场模拟试验，分析如下：

该操作人员在处理废料堵塞故障时，未按照压块机安全操作规程和生产操作守则的相关要求，既没有按下急停开关，又没有把操作模式转换到手动模式，而是在设备自动运行的状态下违规打开设备防护罩，进入压块机机舱进行操作。因为背对压块机的上压块，面向卸料口，所以该员工无法观察到设备的动作。同时，现场设备噪声大，设备是否启动通过声音很难判断，这就使得该员工对设备运行没有任何察觉。

从该设备的控制原理上看，当时该员工用一根自制铝型材长杆去疏导堵塞位置，造成称重传感器检测到称重箱物料减少的信号，该信号控制压块机自动进入压块模式，上压块油缸推动压板闭合，将毫无准备的操作工挤压在废料舱内致死。

按照压块机日常操作规程要求，机器在运转时，操作人员不得进行修理或用手摸运动部件，严禁用手或脚在料箱内按压物料；对泵、阀、压力表进行调整时，必须由有经验的技术人员进行，如发现压力表有故障，应立即维修或更换。

12. 违章排除生产线故障导致机械伤害

2016 年 4 月 16 日凌晨 0 时许，青岛某光电科技有限公司（本案例简称光电科技公司）冲压车间电视机背板生产线 A1 线发生一起机械伤害事故，造成 1 人死亡。

（1）企业基本情况

光电科技公司成立于 2010 年 11 月，经营范围包括开发、生产 LED 液晶模具，生产电子元器件、平板显示器、彩电配件组装等，有员工约 380 人。

（2）事故经过和救援情况

2016 年 4 月 16 日凌晨 0 时许，冲压车间电视机背板生产线 A1 线 6#冲压车床里面的背板发生错位，生产线操作台显示红色报警状态，生产线自动停止运转。

现场作业人员侯某某与王某某发现了这个情况，都跑向 A1 线操作台，王某某先按下了 A1 线操作台上的停止按钮，然后侯某某跑到 6#冲压车床旁，站在预备站外面调整 6#冲压车床上的背板，王某某站在 A1 线操作台等候侯某某。1 分钟以后，侯某某调整完毕，在 6#冲压车床旁观察生产线运转情况，并让王某某启动生产线，王某某启动了生产线之后也到 6#冲压车床处查看生产线运转情况。

王某某刚走到 6#冲压车床时，发现生产线还没有正常运转，便回到 A1 线操作台等候，侯某某进入预备站与 6#冲压车床之间位置调整 6#冲压车床背板。王某某等了 20 秒未听到侯某某的指令，便到 6#冲压车床旁查看情况。王某某走到 6#冲压车床旁看见侯某某还在预备站里调整背板，侯某某让王某某将 A1 生产线复位，王某某走回 A1 线操作台准备将 A1 线复位，并在操作台前喊话让侯某某从预备站里面出来，侯某某回应王某某让其复位 A1 线，王某某未确认侯某某是否已经从预备站里出来就按了复位按钮。

A1 线启动后，王某某在操作台等候 12 秒，未看见侯某某，就到 6#冲压车床处确认情况，这时质检员李某某从线检桌处走来找王某某反映产品变形情况，王某某和李某某一起向 6#冲压车床走了几步，发现侯某某站在生产线里面，脖子被机械手卡住了，王某某马上跑回A1线操作台按下停止按钮后又跑回6#冲压车床处，想将侯某某从生产线里救出来，发现侯某某眼睛、鼻子里都在流血。

事故发生后，现场人员一起把侯某某从生产线里救出来。将侯某某救出后，冲压车间班长立刻拨打“120”急救电话，安全员向安监办电话报告了事情经过，“120”急救人员到达现场后，侯某某因抢救无效死亡。

（3）事故原因分析

1）直接原因

在生产线排除生产故障时，侯某某未按下操作台急停按钮并拔出操作台钥匙；王某某在未确认侯某某是否离开生产线撤到安全区域的情况下就按下复位按钮，致使侯某某被机械手卡伤颈部致死。

2）间接原因

①光电科技公司在作业区未设置排除异常作业警示、告知标识，未落实安全教育培训制度，未按“车间级安全教育或培训，每季度不少于3次”的规定进行安全教育培训，未对员工进行岗前教育培训，对从业人员安全生产教育培训不到位。

②因A1线是由机械手生产厂家设计的，而冲压机是由另一厂家生产的，由于机械手与冲压机光电保护装置相互冲突，导致生产线不能正常运转，只有在拆除设备原有的光电保护装置的情况下设备才能进行生产，但是拆除原有光电保护装置后并未采取其他安全保护措施。

③光电科技公司管理人员未履行主要负责人安全生产管理职责，未健全本单位安全生产责任制，未明确各部门、各车间及各班组的详细职责。

④光电科技公司班长杨某、组长徐某某未履行班、组长安全生产

管理职责，未组织班组级安全教育，未制止侯某某、王某某的违章作业行为；未履行公司规定的岗位职责，在A1线出现生产异常时，未协助解决异常问题。

（4）事故教训和整改措施

1）严格落实企业安全生产主体责任。光电科技公司要按照安全生产法律法规的要求，严格落实企业安全生产主体责任，进一步完善企业安全生产条件。

2）严格执行安全生产法律法规规章和国家、行业标准，完善细化生产操作流程规定。

3）加强员工教育，提高安全生产意识，严格遵守安全生产规章制度及操作规程；加强本单位的生产安全检查，及时发现和消除事故隐患。

（5）相关知识与管理借鉴

在这起事故中，作业人员在冲压生产线发生故障时，违反冲床操作规范中机台操作第3条规定："紧急情况按紧急停止红色开关"，违反冲床操作规范中异常处理第1条规定："有异常时，及时按下急停按钮并拔下操作台钥匙"，违反冲床操作规范中异常处理第4条规定："异常急停后，复位急停，知会监护人员、开机人员，重新启动机器"。也就是说，这起事故是违章操作事故，同时也是冒险作业事故。企业和班组应以此事故为反面教材，吸取事故教训，严格要求员工不要违章操作、冒险作业。因为违章操作、冒险作业最容易引发事故。

13. 未停机进入设备内部致机械伤害

2015年11月7日8时30分许，青岛某空调机有限公司（本案例简称空调公司）EPS（可发性聚苯乙烯）成型车间，一名操作工被

EPS 发泡成型设备挤压致死。

（1）企业基本情况

空调公司经营范围为空调机及其零部件生产、机电设备安装。公司有从业人员约 800 人，配备了 3 名专职安全管理人员。

（2）事故经过和救援情况

2015 年 11 月 7 日上午 8 时许，空调公司 EPS 成型车间早班操作工袁某某与夜班操作工谢某某进行了交班。

8 时 6 分许，袁某某开始操作第一台 EPS 发泡成型设备，生产前设备处于半自动模式，生产第三模时袁某某把设备调到自动模式，然后去操作另一台 EPS 发泡成型设备。

8 时 35 分许，袁某某回到第一台设备取第三模时没有取消自动模式，也没有按规定按下急停按钮，就打开安全门进入设备内部取件，由于行程开关损坏，安全门被打开后动模仍然自动合模，将袁某某挤压。

8 时 36 分许，同班工人潘某某走到出事设备旁，发现袁某某脚踩在设备旁边的踏板上，面朝东，身体胸部以上被挤在 EPS 发泡成型设备的合模处，潘某某立即按了设备急停按钮，并将险情告知同班工人马某某，马某某立即报告了作业长牟某某，牟某某迅即来到事故现场，指挥马某某将 EPS 发泡成型设备的动模与静模分离，发现袁某某头部受挤压已经变形。

事故发生后，公司随即宣布立即启动了伤亡事故应急处置预案，有人拨打了“120”急救电话，约 20 分钟后，“120”急救人员赶到，经医生检查发现袁某某已死亡。

（3）事故原因分析

1）直接原因

EPS 发泡成型设备操作工袁某某违反了公司操作规程的规定，未严格遵守 EPS 发泡成型设备安全操作规程，没有将安全门行程开关损坏的问题及时上报处理，在未按下急停开关并悬挂标志牌的情况下，违规进入 EPS 发泡成型设备内部，从而导致事故。

2）间接原因

①空调公司设备养护及安全管理存在疏漏，未及时发现并维修已损坏的 EPS 发泡成型设备行程开关，未及时制止和纠正一线工人的违规操作行为。

②公司安全生产负责人和安全管理人员未及时督促、检查本单位的安全生产工作，及时消除生产安全事故隐患，致使 EPS 发泡成型设备行程开关存在的事故隐患未被及时发现并消除。

（4）事故教训和整改措施

经调查认定，这是一起因从业人员违反企业安全生产规章制度、生产经营单位主体责任落实不到位造成的生产安全责任事故。为了吸取事故教训，切实做好安全生产工作，有效防范生产安全事故的发生，针对该起事故反映出的问题，提出以下整改措施：

1）空调公司要深刻反思和吸取事故教训，严格履行安全生产主体责任，加大现场安全管理和隐患排查力度。要以该起事故作为案例，加强从业人员安全教育培训，增强安全教育培训的针对性和实效性，提高从业人员安全意识，确保不再发生生产安全事故。

2）空调公司要克服松懈、麻痹的思想，对 EPS 发泡成型设备等所有生产设备进行一次全面排查，彻底消除各类事故隐患，对设备本质安全方面要及时改进，防止人员随意进入，并确保进入设备内部人员的安全，要做到安全管理不留死角、不存侥幸，防止生产安全事故再次发生。

3）空调公司要严格落实“四不放过”的要求，认真查找与安全生产相关的规章制度建设、督查落实、现场管理等方面存在的问题，消除生产安全事故隐患。

（5）相关知识与管理借鉴

在这起事故中，操作工有两个错误：一个是没有将安全门行程开关损坏的问题及时上报处理；第二个是未按下急停开关并悬挂标志牌，就违规进入 EPS 发泡成型设备内部，从而导致事故。

安全管理不能粗枝大叶，需要一丝不苟，许多事故的发生，与技术措施的含糊不清的表达有直接关系。例如，某冲压厂在一年之内连续发生 4 起伤手事故，对安全生产工作造成很大的压力。该厂在分析事故原因时发现，造成事故多发的一个重要原因是该设备工艺文件存在严重漏洞。大多数工艺文件上没有明确注明安全要求和安全技术措施等有关规定，往往只是笼统地写上“一般要用安全工具”和“手不准伸入模具内操作”等，但对每个零件的不同特点没有具体明确的技术措施，以至在实际生产过程中，长期存在着员工手伸入模具内操作的情况，使安全管理流于形式。此后，该厂加强冲压工艺的安全管理，一方面要求工艺技术人员必须经常了解和掌握生产过程中存在的问题，不断改进工艺技术方法；另一方面规定把安全要求和安全技术措施纳入工艺文件，这样不仅能保证各项安全技术措施的落实，实现安全生产，而且能够明确工艺技术人员的安全生产责任。例如，在编制工序卡片时清楚地注明冲模安全生产状况、编号、所配备的安全工具和安全装置的名称、编号等。有了具体明确的工艺文件作为生产依据，就可以有效地防止无章可循或工艺纪律不明等原因造成的事故。在以后的生产中，由于采用了这些措施，操作人员的安全性得到提高，对于避免事故的发生起到积极的作用。

14. 未停机直接用手清理设备造成机械伤害

2014 年 7 月 9 日，青岛某输送带有限公司（本案例简称输送带公司)，1 名员工在压延车间操作压延机时被设备挤伤导致死亡。

（1）企业基本情况

输送带公司成立于 2011 年 4 月 18 日，经营范围包括生产各种规格、型号的输送带，在职员工约 600 人。

（2）事故经过和救援情况

2014 年 7 月 9 日上午，输送带公司冷卷工董某某，在公司西厂压延车间操作压延机进行压延作业。压延机要经过热胶、压延和冷卷三道操作工序，董某某负责冷卷工序。

董某某在生产中发现，所压的胶布有“扒皮”现象，影响到产品质量，在未通知带班班长停机的情况下，就到压延机前部，用手对尚在高速运行的张力辊进行清胶处理，被压延机张力辊把左臂及左侧上半身卷入其中。

事故发生后，附近作业的操作工孙某某立即停机将董某某救出，并组织现场人员将他抬到东厂区，迅速安排车辆送往医院救治，但经抢救无效死亡。

（3）事故原因分析

1）直接原因

作业人员董某某在未停机状态下，直接用手清理压延机张力辊上的废胶，被张力辊缠绕造成左臂及左侧上身挤压，导致死亡。

2）间接原因

①输送带公司岗位操作规程不健全，新设备投入使用后，操作规程没有及时在醒目位置张贴，致使操作工对设备的危险性认识不足。

②输送带公司安全教育培训不到位，员工的安全意识淡薄，仅靠入厂时的“三级”安全教育培训，不能完全满足工作需要。

③输送带公司现场管理不到位，安全管理人员对员工的违章行为没有及时制止。

(4) 事故教训和整改措施

为了吸取事故教训，防止安全生产事故的再次发生，切实做好安全生产工作，针对该起事故所反映出的问题，提出以下整改措施：

1）输送带公司要认真吸取事故教训，高度重视安全生产工作，加强对从业人员的安全培训和技术培训，全面提高从业人员的安全素质和安全意识。

2）输送带公司要认真落实安全生产责任制，针对公司安全生产方面存在的问题，采取有力措施，加强现场管理，坚决杜绝违章作业，全面提高防范事故的能力。

3）输送带公司要对作业现场的危险源进行重新辨识，对安全风险进行全面评价，增加安全防护设施、安全警告标识。

(5) 相关知识与管理借鉴

橡胶压延机主要用在橡塑产品制作过程中的压延工作，按辊数划分，橡胶压延机可以分为三辊压延机、四辊压延机、五辊压延机等，其种类繁多，特点各异。

以企业普遍使用的三辊压延机为例，在试运转前必须进行详细的准备工作，试运转前要对机器的水、汽、气系统的控制阀门及相应管路以及各连接螺栓进行检查，要保证运行畅通、无泄漏，螺栓无松动。同时，还要对压延机的辊筒加热循环系统的温度控制仪器、仪表进行仔细的检查，要保证精准无误，以防止在机器运转过程中出现差错。

此外，不论哪种压延机，机器出现故障后，必须停机处理。其实，发生故障停机处理规定不仅是适用于压延机，几乎所有的机械设备都有类似规定。之所以制定这样的规定，目的就是保障操作人员、维修人员的安全。在这起事故中，作业人员在未停机状态下直接用手清理压延机张力辊上的废胶，严重违反安全规程，稍不留神就会发生事故。

15. 未停机钻入间隙检查机器致伤害

2014年5月27日21时30分许，青岛某彩涂板有限责任公司（本案例简称彩涂板公司）彩涂车间在生产过程中发生一起机械伤害事故，造成1人死亡，直接经济损失100万元。

（1）企业基本情况

彩涂板公司于2003年7月注册成立，是专业从事家电彩色涂层钢板、装饰装潢用彩色铝板、大型建筑工程用彩色钢结构板生产与销售的高新技术企业。

（2）事故经过和救援情况

2014年5月27日15时45分，彩涂板公司彩涂车间丙班班长赵某甲组织13名工人召集开班前会，15时55分开始上岗工作。

21时30分许，丙班质检员赵某乙发现生产线上的钢板在传动侧有间距188厘米向下的硌伤，随即将该情况向班长赵某甲做了报告，然后回到工作岗位继续工作。班长赵某甲随即独自从流水线的始端向后排查，当他排查到5号张力辊时，从设备传动侧钻到5号张力辊支架下面去摸张力辊，高速运转的张力辊和彩涂板将赵某甲卷进两辊之间。赵某乙发现后赶紧叫人用手工剪剪断5号张力辊上的彩涂板，准备将赵某甲从设备中拽出，但没有成功。接着赵某乙拨打了“120”急救电话，现场工人立即用车间起重机将5号张力辊的一个对辊吊住卸下固定螺栓，移开对辊将赵某甲救出。这时“120”急救人员赶到了事故现场，经医务人员现场检查确认赵某甲已死亡。

（3）事故原因分析

1）直接原因

彩涂板公司彩涂车间丙班班长赵某甲在处置产品缺陷过程中，违反公司安全操作规程相关规定，在设备未停机的情况下，独自一人钻入 5 号张力辊间隙检查设备，致使其被卷入设备中死亡。

2）间接原因

彩涂板公司缺少设备出现故障时的报检审批制度，没有明确故障排除程序和安全要求，在 5 号张力辊出现产品质量问题时，班长赵某甲在没有其他人员协助和停机的情况下独自进行故障排查，是导致事故发生的间接原因。

（4）事故教训和整改措施

1）彩涂板公司要认真吸取这起事故教训，按照事故处理“四不放过”原则，举一反三，采取有效措施，加大安全管理力度，促进企业主体责任和属地监管责任落实，切实把安全生产工作抓紧抓实，防止各类事故的发生。

2）彩涂板公司要进一步完善企业安全生产条件，严格执行安全生产法律法规、规章和国家、行业标准，经常组织开展反“三违”活动和安全生产检查，彻底排查、整治各类事故隐患，及时制定和落实相关应急、防控措施，加强安全管理，完善安全管理制度和操作规程，夯实安全工作基础。

（5）相关知识与管理借鉴

在这起事故中，丙班班长赵某甲在处置产品缺陷过程中，违章操作，在设备未停机的情况下，独自一人钻入 5 号张力辊间隙检查设备，结果发生事故。如果不发生事故，那么可能“小事一桩”，因为在此之前很可能曾经这样处置过，这样的处置方式应该属于习惯性违章。

大量事故原因统计分析表明，习惯性违章操作是引起事故的一个重要因素。所谓习惯性违章操作，是指员工习以为常地、经常性地、与安全管理制度或操作规程相违背的操作方法。习惯性违章操作具有这样几个特征：一是贪图方便，即“方便顺手”“省工省力”“简单易行”；二是实用，即往往能较快地处理生产中遇到的问题，而用正规的方法则很可能要花更多的时间；三是隐蔽，即发生违章操作也不一定会发生事故；四是传染，习惯性违章操作因方便实用，员工之间往往能自然而然地“相互学习”，具有很强的传染力，能在员工中相互效仿，除了因发生事故而被纠正，很少会自行消除。

要纠正习惯性违章操作，必须遵循“以人为本，因势利导”的方针。纠正习惯性违章的对策主要有：

1）要提高员工对习惯性违章操作危害的认识，方法是加强教育。开展安全教育不能搞形式、走过场，要结合实际多举实例，特别是多举本企业、本车间、本岗位曾发生过的事故实例，使员工有所触动，就能收到较好效果。

2）领导及管理人员对习惯性违章操作监督不力、听之任之也是习惯性违章操作存在的重要因素。管理者要增强法律意识，摆正安全与生产、安全与效益的关系，并用承包制、责任制等行政、经济手段提高管理者对习惯性违章操作的监督力度。

3）因势利导，改良设备，使部分违章操作无害化。习惯性违章操作之所以能成为习惯，有其省时省力的一方面，因此如果能因势利导，使其有害的一面无害化，就可以使生产效率大大提高。因此，改良设备，加强对危害源的保护，化有害为无害，也是纠正习惯性违章操作的一种方法。

4）使操作标准化、制度化，是纠正习惯性违章操作最有效、最科学的办法。习惯性违章之所以禁而不止，与许多企业没有进行规范化、制度化管理有很大的关系，因此建立和健全规章制度，开展企业安全评价和安全生产标准化建设及企业现场管理，是企业杜绝习惯性违章操作的必由之路。

5）企业规章制度建立后，必须做到有“法”必依、执“法”必严、违“法”必究，因此需要加强监督检查和违章处罚力度，对于违章人员发现一个处理一个，决不姑息迁就，只有处理得使当事人心痛、旁观者心惊，才能收到好的效果。

二、起重伤害事故

机械制造企业经常会用到起重作业，这是危险性较大的作业之一。起重作业涉及施工组织、作业设计、方案制定、机具选择、人员操作技能、起吊经验、协作互保、多工种配合、环境限制及气候影响等方方面面，极易发生事故。起重作业时，从起重作业管理人员到操作人员，都应高度重视，应加强现场管理，加强对起重作业人员的安全教育，按照安全操作规程进行操作，并注意及时消除起重机械存在的事故隐患，以免其演变为事故。

16. 支架从吊装铁链上脱落导致伤害

2011 年 3 月 23 日，北京某汽车股份有限公司（本案例简称汽车公司）发生一起起重伤害事故，造成 1 人死亡，直接经济损失约 79 万元。

（1）企业基本情况

汽车公司是一家跨地区、跨行业、跨所有制的国有控股上市公司，有员工近 4 万人。

（2）事故经过和救援情况

2011 年 3 月 23 日，按照汽车公司总装车间的工作安排，组装班班长李某某带领巩某某、梁某某等 4 人，按照总装装配工艺卡片要求，使用 10 吨桥式起重机（地面操作式）组装 QUY80 履带起重机的人字架等部件。

作业中，由李某某操作桥式起重机，负责各部件的挂钩和起吊，其他人员协助配合。16 时许，在安装人字架后支撑架（长 2.58 米，宽 0.14 米、厚 0.08 米，重 209.45 千克）时，李某某用一条铁链穿过支撑架一端的销轴，挂在桥式起重机的吊钩上（但未在销轴端头安装止退开口销），并起吊至支撑架另一端的装配孔与人字架轴平齐，而后按照装配工艺要求用铜锤沿人字架的轴向敲击支撑架，将其装在轴上。因吊挂支撑架的销轴未安装止退开口销，在敲击振动的作用下，销轴沿轴向退出，支架从吊装铁链上脱落，沿径向向北侧倾倒，砸中站在北侧的李某某头部。

事故发生后，现场人员立即将李某某救出，并拨打了“120”急救电话。经“120”急救人员确认，李某某已当场死亡。

（3）事故原因分析

1）直接原因

李某某在装配过程中组织属于危险作业的吊装作业时，未安装吊挂支撑架销轴的止退开口销，未确保起吊支撑架吊挂牢靠，且站在支撑架脱钩可能倾倒的危险区域内，最终导致事故发生。

2）间接原因

①李某某不具备桥式起重机特种作业操作资格，违规操作 10 吨桥式起重机作业，最终引发事故。

②吊装作业属于危险作业，汽车公司疏于对危险作业的管理，疏于对特种作业人员的管理，未明确装配作业中各部件的吊装部位、方

法及相应安全措施，疏于对吊装作业的现场监管，致使现场人员违规作业，为事故的发生埋下了隐患。

（4）事故教训和整改措施

这是一起由于违反安全技术规范、违章作业，现场安全管理缺失而导致的生产安全责任事故，事故单位应从事故中吸取教训：

1）信号工、起重机司机等特殊工种必须经过安全培训，考试合格取得特种作业操作资格证书后方可上岗，且必须持证上岗。

2）施工作业人员应了解周边环境，做到不违章作业，遵守劳动纪律，增强自我保护意识。

3）吊装作业属于危险作业，应加强对特种作业人员的管理，明确装配作业中各部件的吊装部位、方法及相应安全措施，加强安全监管，杜绝违规作业。

（5）相关知识与管理借鉴

这起事故的发生，主要原因是安全意识淡薄，进行吊装作业时，未安装吊挂支撑架销轴的止退开口销，未确保起吊支撑架吊挂牢靠，且站在支撑架脱钩可能倾倒的危险区域内，最终导致事故发生。

起重机械常见事故有以下原因：

1）司机、信号工、挂钩工安全技术知识不足，对起重机构造、原理、性能、操作知识缺乏足够的了解。

2）违章作业、劳动纪律执行不严。

3）设备安装不符合要求，使用前又未认真进行使用验收。

4）非司机操作、无证人员从事信号指挥和挂钩岗位的作业。

5）安全保护装置不完善、失灵。

6）缺乏经常性的检查和维修，强令机械带“病”运转。

7）纪律松散，错误、酒后作业以及自然条件突然作用或违章指挥等。

起重作业属于空中搬运，物体沉重，风险较大，使用、维修等环节上的任何疏忽，都可能危及人身与设备的安全，造成不良后果。所以，企业必须十分重视起重作业的安全工作，积极采取安全措施，预防事故的发生。主要措施有：一是领导重视，管理到位。企业应针对自身起重作业的特点，制定安全规章制度，落实责任，奖惩分明。二是加强对起重作业相关人员的培训教育。起重机司机应经专业培训，持证上岗。企业应经常对起重机司机进行安全教育，做到谨慎操作。三是起重机司机和信号指挥工、司索工要遵守安全操作规章制度，操作时思想要高度集中，不能忽视安全、麻痹大意。

17. 手动葫芦吊钩未挂在吊耳上导致伤害

2016 年 4 月 5 日 10 时 5 分许，青岛某重机有限责任公司（本案例简称重机公司）G193 项目作业区，外协单位上海某机械设备有限公司（本案例简称机械设备公司）发生一起起重伤害事故，造成 1 人死亡，直接经济损失约 80 万元。

（1）企业基本情况

机械设备公司，成立于 2001 年 4 月 18 日，主要从事桥式起重机、门式起重机、门座起重机的安装、维修。

（2）事故经过和救援情况

2016 年 3 月 30 日，机械设备公司项目主管杨某某联系重机公司调度室，申请使用 60 吨龙门起重机对 5 台门座起重机机房顶面臂架左、右片进行吊装作业。吊装过程中，机械设备公司负责将 60 吨龙门起重机吊钩挂到盖板吊耳上，并指挥龙门起重机司机进行吊装作业，吊到合适位置后，告知起重机司机停止作业，并摘掉吊钩。吊装作业完成后机械设备公司进行机房顶面臂架左、右片微调工作。

4 月 5 日 7 时 20 分的早班会上，机械设备公司项目主管杨某某安排了此项工作，并对安全生产进行了强调。7 时 30 分，机械设备公司工人张某某、严某某（辅工）到 60 吨龙门起重机作业区域进行机房顶面臂架左、右片微调工作。

10 时左右，杨某某派张某某、严某某到 5 号机房房顶进行面臂架右片微调工作（面臂架右片距地面 824 厘米，距转台上平面 450 厘米）。张某某从梯子爬到机房顶面臂架右片上，严某某在铺设机房顶平台和转台上平面间的钢制花纹板，张某某觉得一块花纹板不够用，让严某某再去搬一块过来。

在此期间，张某某违规站在面臂架右片上，用手拉葫芦将面臂架右片起吊后进行水平微调作业时，面臂架右片自前向后发生 180°翻转，导致张某某站立不稳跌落至转台上平面，翻转的面臂架右片也坠落至转台上平面，并砸中张某某头部左侧。

事故发生后，现场人员立即拨打了“120”急救电话，“120”急救人员来到现场后，经过抢救，张某某因伤势过重死亡。

（3）事故原因分析

1）直接原因

张某某在机房顶进行高处作业时，存在冒险违章作业行为：一是佩戴的安全带未使用；二是张某某违反装配工安全技术操作规程规定：“使用千斤顶和手拉葫芦时，生根必须牢固，操作中应站在侧面”，站在未固定的机房顶面臂架右片上进行吊装调整；三是张某某违反吊装作业规定，未将手拉葫芦的吊钩挂在机房顶面臂架右片的吊耳上。因此，违章作业是导致事故发生的直接原因。

2）间接原因

①机械设备公司未严格落实“三级”教育培训制度；未制定详细的吊装作业规程；对作业现场的安全生产检查不到位，对张某某冒

险、违章作业行为未及时发现和制止；对张某某高处作业及机房顶安装技术交底不详细、不具体。

②重机公司监督检查机械设备公司履行事故隐患排查职责不到位，未及时发现和制止机械设备公司作业现场存在的违章作业行为。

③重机公司机房安装指导书对分片安装调整方法制定的不具体，可操作性不强。

（4）事故教训和整改措施

1）机械设备公司要严格按照安全生产法等法律法规的要求落实企业安全生产主体责任，健全安全生产责任制；加强对所有作业现场的安全检查力度，及时发现和消除生产安全事故隐患。

2）机械设备公司要加强作业人员的安全教育培训，强化员工安全意识，提高安全操作技能，增加员工自我防护能力。

3）重机公司要加强外协单位的监督管理，严格审查外协单位及人员的资质、资格证书；重点加强作业现场的安全生产监督检查，及时消除事故隐患；对作业指导书及操作规程要进一步细化，操作方法要具体明确。

（5）相关知识与管理借鉴

手拉葫芦因无须电力且使用便利，是生产工厂、建筑工地常用的起重设备。手拉葫芦虽然体积不大、操作简单，但是起吊重物时如果操作不当或者疏于防范，也会导致人员伤亡，所以在使用中需要正确操作，不能忽视安全。

操作手拉葫芦时，需要注意以下事项：

1）起吊重物不得超过手拉葫芦的规定起重量，不能超载负荷使用。

2）起吊物件时，除操作人员以外，其他人员不能靠近被起吊的货物。严禁人员在重物上操作或在重物下行走。

3）起吊物件时必须捆绑牢固可靠。吊具、吊索应在允许负荷范围内。

4）悬挂葫芦的构架必须牢固可靠。工作时手拉葫芦的挂钩、销子、链条、制动等各部件装置必须保持完好。

5）两股链条不能翻转和扭曲，如出现链条弯曲或扭结时则不可再使用。

6）发现链条拉不动时不可猛拉，更不能增加人员去拉，应立即停止操作查明原因。

7）禁止用两台及以上葫芦同时起吊一个重物。

8）放下物件时，必须缓慢、轻放，不允许自由落体。

18. 操作失误钢丝绳瞬间被拉紧导致伤害

2018 年 9 月 9 日 10 时 25 分左右，滁州某汽车配件有限公司（本案例简称汽车配件公司）冲压车间在维修设备时发生一起起重伤害事故，造成 1 人死亡。

（1）企业基本情况

汽车配件公司成立于 2010 年 6 月 7 日，经营范围包括汽车零部件、冲压件、模具、检具、焊接夹具的生产加工及销售等。

（2）事故经过和救援情况

2018 年 9 月 2 日，汽车配件公司冲压车间员工在设备点检时，发现编号为 DS-C1-01/1300T 的冲压机出现润滑故障，遂向机修组报修。机修组在检查故障时，发现连杆与导柱连接处销钉断裂、导柱半边断裂。根据订单及库存情况，不能停止生产进行维修，于是决定采取每小时检查一次的办法，生产到 9 月 6 日完成备库，9 月 7 日停机拆除进行维修。

9月6日13时左右，公司副总许某某在设备机修房召集冲压车间生产有关负责人，部署并讨论维修方案、维修周期及安全注意事项等。

9月7日，机修班班长丁某某安排电气、机械维修人员共9人开始给设备断气、断电，并进行设备拆卸前的准备工作；9月8日上午开始设备的拆卸维修。

9月9日（星期日）7时左右，机修工徐某某、刘某某在冲压机顶部横梁上作业，杨某某、顾某某在冲压机滑块内作业（拉倒链），上下配合进行拆卸左前方连杆和偏心连接销。

上午10时20分左右，第一次吊卸拆下的连杆，由于偏心轮上油嘴干涉和吊装角度问题，未能将连杆成功地吊出。徐某某认为需要调整连杆上钢丝绳吊卸位置，以便如遇干涉可调节连杆角度。

10时25分左右，徐某某放下吊卸的连杆，待起重机钢丝绳松开后，误以为连杆已经摆放稳固，就下到横梁内偏心轮旁松解钢丝绳锁扣。就在这时连杆突然下滑，带动钢丝绳瞬间拉紧，由于空间有限，钢丝绳瞬间拉紧时弹到徐某某的颈部，造成了事故的发生。

事故发生后，正在冲压机顶部横梁上放工具的刘某某，立刻呼喊正在冲压机滑块内作业的杨某某和顾某某，通知把下面的倒链向上方拉紧，同时刘某某遥控起重机将钢丝绳落下，想尽可能地把徐某某解救出来。同时，让在地面的机修班班长丁某某拨打了“120”急救电话。接着，现场人员爬上冲压机顶部横梁上帮忙解救，把徐某某从横梁内拖出，移到地面。

10时29分，冲压车间生产经理将伤者送往医院救治，约10分钟后，医生宣布徐某某经抢救无效死亡。

（3）事故原因分析

1）直接原因

徐某某在连杆未摆放稳固的情况下，下到横梁内偏心轮旁松解钢丝绳锁扣，连杆突然下滑，带动行车钢丝绳瞬间拉紧，导致钢丝绳瞬间拉紧时弹到徐某某的颈部致死。

2）间接原因

①公司安全生产责任制不落实，安全管理混乱；吊装作业没有制定专项施工方案和安全技术措施，施工现场没有安排专门的安全监护人员负责现场安全管理。

②员工安全教育和技术培训不到位，安全意识淡薄，自我保护意识欠缺。

③事故隐患排查治理不认真、不全面、不到位，安全防范措施不到位。

（4）事故教训和整改措施

经调查认定，这是一起因企业员工安全意识淡薄，全员安全生产责任制不落实，现场管理不严而导致的一起生产安全责任事故。为深刻吸取事故教训，有效预防和遏制事故的再次发生，应采取以下整改措施：

1）汽车配件公司要认真吸取事故教训，切实履行安全生产主体责任。尽快完善安全生产责任体系，明确各级各部门安全生产职责；加大作业现场安全管理力度，构建风险查找和隐患排查治理常态化工作机制，及时发现并消除各类事故隐患。

2）汽车配件公司要制定、完善安全规章制度和操作规程并严格落实。要强化安全生产教育和培训工作，严格落实员工“三级安全教育”，工作提高员工的安全生产意识，熟悉有关的安全管理制度与操作规程，掌握本岗位的安全操作技能。

3）要通过事故案例教育，增强员工安全意识和自我防范能力，杜绝员工“三违”行为。

（5）相关知识与管理借鉴

在这起事故中，发生事故的徐某某 61 岁，已经退休，被公司返聘从事维修工作，发生这样的事故，主要是一时大意操作失误所致。在这次维修作业中，徐某某承担着司索工的职责，这份工作需要小心谨慎。

司索工是指吊装作业中准备吊具、捆绑、挂钩、摘钩、卸载等工作的人员，多数情况还担任指挥任务。司索工的工作质量与整个起重作业安全关系极大。

在起吊作业中，司索工要注意以下事项：

1）作业前，应佩戴好安全帽及其他防护用品。

2）根据起吊物体的具体情况选择相适应的吊具与索具。

3）作业前应对吊具与索具进行检查合格后，方可投入使用。

4）起升重物前，应检查连接点是否牢固可靠。

5）吊具不得超过额定起重量，吊索（含各分支）不得超过安全工作载荷（含高低温、腐蚀等特殊工况）。

6）作业中不得损坏吊件、吊具与索具，必要时应在吊件与吊索的接触处加保护衬垫。

7）起重机吊钩的吊点，应与起吊物中心在同一条铅垂线上，使起吊物处于稳定平衡状态。

8）禁止司索或其他人员站在起吊物上一同起吊，严禁司索人员停留在起吊物下。

9）起吊重物时，司索人员应与重物保持一定的安全距离。

10）应做到经常清理作业现场，保持道路畅通，安全通道畅通无阻。

11）听从指挥人员的指挥，发现不安全情况时，及时通知指挥人员。

12）经常保养吊具、索具，确保吊具、索具使用安全可靠。

13）在高处作业时，应严格遵守高处作业的安全要求。

14）捆绑后留出的绳头，必须紧绕在吊钩或起吊物上，防止起吊物移动时绳头挂住沿途人员或物件。

15）吊运成批零散物件，必须使用专门吊篮、吊斗等器具，同时吊运两件以上重物，要保持平稳，不得相互碰撞。

16）起吊物就位前，要垫好衬木，不规则物体要加支撑，保持平衡，不得将物件压在电气线路和管道上面，或堵塞通道。物件堆放要整齐平稳。

17）卸往运输车辆上的起吊物，要注意观察中心是否平稳，确认不致倾倒时，方可松绑、卸物。

18）工作结束后，所使用的吊具、索具应放置在规定的地点，加强维护保养，达到报废标准的吊具、索具要及时更换。

19. 起重机行进过程中脱钩导致伤害

2016 年 2 月 22 日 20 时 30 分许，青岛某铁塔有限公司（本案例简称铁塔公司）发生一起起重伤害事故，造成 1 人死亡，直接经济损失约 90 万元。

（1）企业基本情况

铁塔公司成立于 2003 年 12 月，经营范围包括铁塔、钢管、钢杆及钢结构制造，有从业人员 520 人，设有 5 个职能部门，下设 4 个生产车间。

（2）事故经过和救援情况

2016 年 2 月 22 日 20 时 15 分许，铁塔公司镀锌 3 车间，北跨酸洗池东 1 号行车操作工毛某某，到车间外喊转运工杨某某运送需要镀锌使用的铁件。

20 时 30 分许，杨某某用地车将铁件运到车间防蚀平台东面，毛某某也随其一起返回。此时行车已挂着吊杠停放在平台东面、地车轨道上方，当时毛某某认为是酸洗工王某某挂好钩并将行车停放在此处的，1 分钟后杨某某将铁件挂到了吊杠上，就到北侧的车间门口休息，毛某某使用遥控器操作行车向西行进，准备将吊杠连同铁件吊运到酸洗池东侧的运送车上。当行车行进到距运送车约 1 米处时，吊杠南端脱钩坠落，砸中外出填写完酸洗工作记录返回酸洗区刚好经过此处的王某某背部。

发现王某某受伤后，毛某某和杨某某立即招呼车间其他人员前来帮忙，使用行车吊起吊杠后，将王某某抬了出来。此时班组长尹某某拨打了“120”急救电话后又电话报告车间主任，车间主任立即向公司领导做了汇报。20 时 44 分许，“120”急救人员赶到后将王某某送往医院救治，后经抢救无效于当晚 22 时 30 分死亡。

（3）事故原因分析

1）直接原因

①发生事故的行车南侧吊钩未挂实，也未安装防脱钩装置，导致行进过程中脱钩砸中王某某。

②铁塔公司设施及工序设置不合理，酸洗池南通道门向北内开，从该门进出必然经过吊装作业区域；酸洗记录本放在酸洗池外南侧，酸洗工每次进行酸洗前必须进行登记，也导致酸洗工需经常进出南通道门。

③酸洗工王某某违规冒险进入吊装作业区域并从吊物下经过。

2）间接原因

①公司企业安全生产主体责任不落实，未将安全生产责任制落实到各个工作岗位，教育培训和奖惩力度不够，导致从业人员责任不明

确、安全意识淡薄，工作时不认真遵守规章制度和操作规程，发现违章违规行为时也不劝阻和制止。

②公司制定了起重机和操作指挥人员等通用的安全操作规程，但未针对发生事故的酸洗池外转运等具体吊装作业制定有针对性的安全操作规程，也未安排专人进行现场安全管理。

③公司安全检查和隐患排查治理不到位，未及时发现酸洗池南通道门内开、进出须经过行车行进路线和吊钩防脱钩装置缺失的事故隐患。

④公司酸洗车间安排毛某某转岗操作行车吊，未对其进行岗前安全教育培训；王某某与毛某某所在班组对二人工作划分不清，未明确吊杠挂钩职责。

⑤操作员毛某某进行吊装前未进行认真检查，也未及时发现并制止王某某从吊物下经过的违规行为。

（4）事故教训和整改措施

这起事故是因企业安全管理制度不落实、从业人员违规导致的一起特种设备相关的生产安全责任事故。

1）铁塔公司要认真总结此次事故的教训，制定并完善各岗位的安全生产责任制，将各项安全管理制度真正落实到企业的生产工作中，做到安全生产人人有责；针对吊装等危险作业要针对各自特点制定专门的安全操作规程，要教育督促从业人员认真学习并遵守，作业时现场必须有专人进行安全管理和指挥。

2）铁塔公司针对事故中暴露出的问题，在全公司内开展大排查行动，将事故隐患及时进行整改消除；规范并加强对从业人员的安全教育培训，可以通过观看事故警示片等方式，全面提高从业人员的安全意识、消除麻痹大意思想。

3）铁塔公司应完善并加强安全检查和奖惩制度，不仅要对违章违规行为进行依法依规惩处，更要对遵章守纪、敢于举报或制止违章行为、发现或消除事故隐患的人员加强奖励和支持力度，最终形成人人讲安全、人人管安全的良好局面。

（5）相关知识与管理借鉴

这起事故的发生，一方面是行车吊吊运过程中吊钩未挂实，也未安装防脱钩装置，导致行车吊行进过程中脱钩；另一方面是酸洗工违规冒险进入吊装作业区域，并从吊物下经过。两个因素合并在一起，就导致事故。

事故的发生发展实际上是一个不断变化的过程，任何事故的发生都存在以下三个阶段：

1）前兆阶段。导致灾害和事故爆发的因素逐渐积累的阶段，就是前兆阶段。任何伤亡事故都有前兆，只是在显露程度上有所区别。例如在这起事故中，设施及工序设置不合理，酸洗池南通道门向北内开，从该门进出必然经过吊装作业区域，这就是事故发生前的预兆，显示存在危险。安全管理工作的重要任务之一，就是尽早发现和识别事故的隐患，因为处于隐患阶段的事故最容易控制甚至予以消除，所以企业要开展经常性的安全检查，以期发现事故隐患，采取针对措施，从而达到防止事故发生的目的。

2）爆发阶段。这一阶段只有一瞬间，事故往往以极快的速度和极高的强度发生。事故所造成的损失大多集中在这一阶段。这一阶段也是最具有意外性和紧急性的特点。

3）持续阶段。即灾害和事故所造成的后果仍然存在的阶段，往往需要持续较长的时间。持续阶段越长，所造成的危害越大。要消除后果往往要花费很大的力量。例如，伤亡事故的抢救、善后处理、事故现场清理以及恢复生产等都属于持续阶段。

在机械制造企业，由于生产制造的物体质量普遍较大，因而大量地使用起重机械。使用者习惯了重复性的工作，有时就会出现差错，而其他人员对起重机械吊运物体也司空见惯，有时会疏忽大意。这种因习惯而形成的麻痹心理，是起重事故发生的心理基础。对此，管理人员需要采取多种形式的安全教育，强化人员的安全意识，避免作业中的失误。

20. 人员冒险站在起重臂下指挥受伤害

2015 年 4 月 16 日，青岛某化学有限公司（本案例简称化学公司）发生一起起重伤害事故，造成 1 人死亡，直接经济损失约 65 万元。

（1）企业基本情况

青岛某起重机械化有限公司（本案例简称起重机械公司）经营范围为起重机械及特种机械设备租赁、吊装、搬运，货物装卸。

（2）事故经过和救援情况

2015 年 4 月中旬，化学公司因生产需要欲在办公楼东侧的新建车间内安装一台压滤机，公司安排采购部经理李某某联系了经常给公司吊装设备的起重机司机刘某某。4 月 13 日，刘某某到化学公司查看现场，发现因吊装作业面跨度太大必须用 130 吨以上的起重机，刘某某就帮忙联系了起重机械公司，起重机械公司遂安排驾驶员薛某某（持有特种设备作业人员资格证）和指挥人员徐某某前往化学公司进行吊装作业，双方未签订书面合同，化学公司在口头上进行了吊装作业交代并要求吊装时要注意安全。起重机械公司没有按照相关法规要求对起重机司机薛某某、指挥人员徐某某进行安全教育培训，未建立培训档案。

4 月 16 日上午，起重机械公司从业人员薛某某、徐某某到达化学公司，化学公司生产经理赵某某查看了起重机械公司营业执照、司机资格证书、吊装设备资格证书等基本材料后，同意两人开展吊装作业。

13 点左右，起重机械公司起重机驾驶员薛某某与吊装指挥人员徐某某在化学公司人员帮助下，开始进行压滤机及其滤板吊装作业。吊装前赵某某对压滤机和滤板吊装位置进行了交代，并要求吊装时要注意安全，不要损坏了设备。薛某某和徐某某先将压滤机吊装到 7 米高的平台上，然后开始吊装压滤机所用滤板。滤板规格长宽均为 1.5 米、厚 0.08 米、质量 50 千克，每次吊装约 20 块。徐某某和化学公司现场人员用两根布带从滤板底部平行穿过，然后在滤板两侧各用一根钢丝绳与布带相连，将 20 块滤板捆住，再将钢丝绳挂在吊钩上进行起吊。在第一组滤板吊起约 1 米左右时，滤板发生倾斜，薛某某遂即落下吊钩将其重新放至地面，在调整布带位置后重新起吊。徐某某在起吊后登上 7 米高的工作平台，站在吊臂下方通过手势进行指挥。

14 时 30 分左右，驾驶员薛某某在徐某某的指挥下操作起吊装置，将吊起的滤板缓慢地向工作平台上移动，在滤板下降时，其一侧碰到了车间墙体，滤板遂发生滑擦并从捆扎的钢丝绳中脱出，砸中正在工作平台上指挥的徐某某。

事故发生后，现场人员拨打“120”急救电话，经“120”救护车送往医院抢救，徐某某于当日 15 时 30 分经抢救无效死亡。

（3）事故原因分析

1）直接原因

起重机械公司起重机驾驶员薛某某与吊装指挥人员徐某某违章作业，直接导致事故发生。薛某某在吊臂下方有人的情况下违章起吊，指挥人员徐某某冒险站在起重臂下离地 7 米高的平台上指挥作业，二人在没有将滤板捆扎牢固并进行试吊的情况下就盲目起吊。

2）间接原因

①起重机械公司没有建立健全安全生产规章制度和吊装作业操作规程，导致施工作业无章可循；吊装作业前没有对薛某某、徐某某进行有针对性的安全教育培训，导致两人对吊装作业存在的风险没有做到有效辨识，未掌握其岗位操作规程。

②化学公司现场管理不到位，没有安排人员进行现场安全管理，未督促起重机械公司吊装人员严格按照起重作业操作规程实施吊装作业。

（4）事故教训和整改措施

1）起重机械公司要加大从业人员安全生产教育培训力度，保证从业人员熟悉有关的安全操作规程和掌握本岗位的安全操作技能，要经常组织开展反“三违”活动，严防类似事故的再次发生。

2）化学公司要进一步完善现场安全生产管理措施，要尽快制定外协单位安全管理规章制度，加强对承包、承租单位的安全管理，对外发包工程要签订安全管理协议，明确双方安全生产管理职责，做好协调、管理。

（5）相关知识与管理借鉴

这起事故的发生主要与两个因素有关：一是吊装指挥人员违章作业，冒险站在起重臂下离地 7 米高的平台上指挥；二是在没有将滤板捆扎牢固并进行试吊的情况下就盲目起吊。在这两个因素之外，还存在着第三个因素，即吊具不合理。从事故经过来看，吊具捆绑吊物是这样：用两根布带从滤板底部平行穿过，然后在滤板两侧各用一根钢丝绳与布带相连，将 20 块滤板捆住，再将钢丝绳挂在吊钩上进行起吊。这样的捆绑自然不牢固，所以一起吊就发生倾斜，进而导致事故。

在吊具使用上，应该学习某集团公司的做法。

该集团公司有各类生产设备约 5 000 台（套），下设直属机构 49

个，在岗员工 1 万多人。近年来，集团公司产品逐步向重型、大型发展，零部件与整机的吊运已成为影响安全生产的突出问题。为此，各单位都成立了由技术副总经理牵头的攻关小组，针对本单位的产品，完善吊运工艺。如矿山冶金设备分公司溢流球磨机端盖在吊运装车的过程中，由于该工件是圆盘形，表面光滑，没有吊装点，分公司原来使用自制的吊具，既笨重又不易操作，如果采用以往的穿钉、挂钢丝绳的方法，吊具易造成零件变形且卡不严。针对溢流球磨机端盖吊装工具存在的安全问题，分公司成立吊装攻关小组，参照行业标准研制 M64 吊环，制成吊装工具，这样既简便高效，又安全可靠。再如，为了消除工人在吊挂空中的工件或部件下违章作业的事故隐患，分公司制作了工装架，将工件或部件置于工装架上，使员工在架下操作，确保安全作业。对于大型工件或重心不易辨识的工件，分公司购买工件翻转机，实现工件自动翻转，解决用起重机进行翻转易发生事故的问题。

21. 忽视安全违章指挥导致起重伤害

2014 年 2 月 19 日 13 时 26 分许，青岛某金属结构有限公司（本案例简称金属结构公司）发生一起起重伤害事故，造成 1 名从业人员死亡。

（1）企业基本情况

金属结构公司经营范围包括电站锅炉附属设备、金属结构、空气预热器、环保设备制造等。

（2）事故经过和救援情况

2014 年 2 月 19 日 13 时 22 分，金属结构公司八车间内，车间副主任张某带领从业人员颜某、张某某来到停放在车间通道南侧的大货车旁，大货车上放有上下重叠堆放的9块钢板（约60吨），陆某、李某各自操作一台起重机卸货，南面的起重机核载75吨、北面的起重机核载50吨。

起重机运行到大货车上部停放，张某带领颜某、张某某将两台起重机上的4个L型索具直接卡在最下面钢板的四个角。起重机起吊至距地面约3米后大货车退出车间，起重机吊着钢材继续向北行进至工作位后下降。13时26分许，钢材下降至距地面约1米高度时，西南侧索具首先滑脱，钢材坠落地面，其他索具也随之滑脱并发生大幅摆动，将站在钢板东边约2.5米处进行装配作业的冷某某头部砸伤。现场人员立即拨打“120”急救电话，将冷某某送往医院救治，后经抢救无效死亡。

（3）事故原因分析

1）直接原因

金属结构公司八车间副主任张某违章指挥，将60吨且尺寸不一、重叠堆放的钢板进行一次性吊装；冷某某忽视安全，在吊装作业过程中靠近吊装区。

2）间接原因

①金属结构公司未针对吊装物的质量、形状等特性制定专门的吊装方案，安排未取得相应资质的从业人员从事吊装作业，未有效督促、教育从业人员正确佩戴安全帽，未及时发现并制止人员违规吊装和违规在吊装作业区工作的行为，现场安全管理不到位，安全生产责任制、安全生产规章制度落实不到位，未按规定对从业人员进行安全生产教育培训。

②金属结构公司法定代表人、董事长是该公司安全生产第一责任人，未及时发现并消除公司存在的违章指挥、违章作业行为，特种设备作业人员无证上岗行为。公司安全生产责任制、安全生产规章制度

和操作规程落实不到位。

③金属结构公司从业人员冷某某安全意识淡薄，未按规定佩戴安全帽，也没有及时避开危险区域。

④金属结构公司生产经理、总经理助理、八车间主任未及时发现并消除八车间内违章组织吊装作业、冷某某在吊装作业过程中靠近吊装区域且未按规定佩戴安全帽等生产安全事故隐患。

（4）事故教训和整改措施

1）金属结构公司要认真总结此次事故的教训，健全并认真落实安全生产责任制；健全并完善相关的安全管理制度和操作规程，特别要完善吊装作业相关制度和规程，并教育督促从业人员认真学习并遵守。

2）金属结构公司要加强安全教育培训。组织作业人员开展安全教育培训，促使作业人员增强安全生产意识，掌握正确的操作程序和技能，切实提高防范事故、预防事故的能力。

3）金属结构公司要切实把安全生产工作放在首位，落实安全生产主体责任，全面查找公司在安全管理方面存在的问题和不足，全面排查治理事故隐患，确保安全生产。

（5）相关知识与管理借鉴

在这起事故中，9 块钢板质量约 60 吨，南面起重机核载 75 吨、北面起重机核载 50 吨，两部行车同时进行起吊。对这样的起吊方案，如果分析一下，就会发现问题，即起重机在核载范围内，但是吊具有可能承受不住。钢板十分光滑，没有可靠的起吊点，只能使用钢丝绳兜底起吊或者索具直接卡钢板四个角。在起吊过程中，如果两部行车不能同步，出现摆动，那么钢丝绳或者索具就会滑脱，发生吊物坠落。结果正是这样，西南侧索具首先滑脱，钢材坠落地面，其他索具也随之滑脱，钢丝绳以及索具发生大幅摆动，将附近的工作人员头部砸伤。故此，说这起事故的直接原因，是忽视安全、违章指挥十分恰当。

起重机操作人员应该坚持遵守“十不吊”的规定，以保证安全。

起重机操作“十不吊”：

1）指挥信号不明确或违章指挥不吊；

2）超负荷不吊；

3）工件或吊物捆绑不牢不吊；

4）吊物上面有人不吊；

5）安全装置不齐全或有动作不灵敏、失效者不吊；

6）工件埋在地下、与地面建筑物或设备有勾连不吊；

7）光线阴暗、视线不清不吊；

8）斜拉歪拽工件不吊；

9）棱角物件无防切割措施不吊；

10）在六级以上强风时不吊。

22. 起重机在起吊过程中发生故障导致伤害

2013 年 4 月 9 日 8 时 30 分，河北某钢管制造股份有限公司（本案例简称钢管制造公司）发生一起起重伤害事故，事故造成 1 人死亡、直接经济损失 76 万元。

（1）企业基本情况

钢管制造公司成立于 2004 年 12 月 17 日，主要产品为热扩无缝钢管，年产能 4 万吨，有员工 70 人。

（2）事故经过和救援情况

2013 年 4 月 9 日 8 时 30 分左右，一辆货车在钢管制造公司东南厂区吊卸钢管，起重机操作工孙某某负责操作起重机，吴某某、卢某某负责吊卸钢管，货车司机周某某站在车厢钢管之上帮忙挂吊钩。

起吊开始后，周某某没有离开车厢，孙某某在没有收到信号员信号的情况下便启动了起重机，当钢管被吊起约 1.2 米高时，起重机突然发生故障，钢管未脱钩，带着钢丝绳突然下滑，周某某因站在车厢钢管之上，躲闪不及，右胸部以下被砸中，右腿被钢管压在下面。

事故发生后，现场人员立即用撬杠进行施救，因钢管过重没被撬动，后又将另一台起重机开过来把钢管吊起，才把周某某救出。大约 10 分钟左右救护车来到现场将伤者送到医院进行急救，经过几天的抢救，周某某于 4 月 16 日 4 时 30 分经治疗无效死亡。

（3）事故原因分析

1）直接原因

①起重机操作人员在未得到指挥信号的情况下擅自操作，违反操作规程。

②起重机在起吊过程中发生故障，是事故发生的主要原因。

③周某某安全意识淡薄，自保意识较差，使自身处于危险区域，致使起重设备发生意外时，来不及躲避，导致事故发生，是本次事故发生的另一个主要原因。

2）间接原因

钢管制造公司疏于管理，未安排专门人员对吊装作业现场进行安全管理，未落实相应的安全管理制度，安全管理不到位，也是本起事故发生的原因之一。

（4）事故教训和整改措施

1）钢管制造公司应认真吸取事故教训，要严格按照相关要求，在进行吊装作业时，指派专职设备管理人员、专职安全生产管理人员进行现场监督检查，发现违反安全操作规程的行为要立即制止并采取相应的安全防护措施；认真开展公司生产安全事故隐患排查，要督促落实相应的管理制度和操作规程，切实加强企业安全管理，杜绝违规违章操作。

2）钢管制造公司要切实加强安全投入，做好设备设施的安全防护；确保从业人员配备必要的劳动防护用品；要加强从业人员的三级安全教育，提高从业人员的安全素质。

3）钢管制造公司应认真组织学习安全生产法等相关法律法规，提高安全生产意识，加强安全培训，制定相应的安全生产和事故隐患排查制度，确保生产安全。

（5）相关知识与管理借鉴

在这起事故中，导致事故发生的因素有三个：一是吊车操作人员在未得到指挥信号的情况下擅自操作；二是吊车在起吊过程中发生故障；三是货车司机安全意识淡薄，使自身处于危险区域，致使起重设备发生意外时，来不及躲避。三个因素中，最值得关注的是第三个因素，即货车司机处于危险区域。为什么身处处于危险区域呢？可能是为了避免上下车麻烦。

起重作业涉及面广，作业环境复杂，立体作业多，危险性较大，稍有不慎就会造成事故。如何发现起重作业中的危险和隐患，采取有针对性的防范措施，避免或减少起重作业中的伤害事故，这既是员工的愿望，也是企业安全管理的重要内容。

起重作业中，在安全方面需要注意以下事项：

1）安全站位。在起重作业中，有些位置十分危险，如吊杆下、吊物下、被吊物起吊前区等，如果处在这些位置上，一旦发生危险不易躲开。所以，作业人员的站位非常重要，不但自己要时刻注意，还需要互相提醒，以防不测。

2）吊索具安全系数。起重作业中，常常对吊索具安全系数理解错误，认为只要不断就可以使用，往往选择吊索具时安全系数偏小，致使作业总是处在危险状态。

3）误操作。起重作业经常使用不同单位、不同类型的起重机。不同的起重机操作方法不同，性能不同，再加上不同人员指挥信号的差异，容易发生误操作等事故。

4）绑扎。对被吊物的尖锐棱角未采取“垫”的措施，成束材料垂直吊送绑扎不牢，致使被吊物空中颤动、受刮碰时容易失稳坠落。

5）吊装工具或吊点选择。如果缺乏理论计算，靠经验估算选择吊装工具或吊点，一旦承载力不够，会导致整体坍塌。

6）警示区设置。大件吊装时应拉设安全警示区，并安排安全监护人，以防他人不明情况进入危险区域而发生事故。

三、触电伤害事故

机械制造企业生产离不开用电，生产作业现场需要照明，机械设备需要驱动。随着机械制造行业自动化程度的不断提高，用电的范围和场所越来越广泛。电能是一种看不见、摸不着的能量，可以对人体造成多种伤害。例如，电流通过人体，人体直接接受电流能量将遭到电击；电能转换为热能作用于人体，致使人体受到烧伤或灼伤。为了预防触电事故的发生，企业员工需要了解有关电气安全知识，了解有关触电事故发生的过程，正确掌握用电常识，避免在生产过程中遭受电气事故伤害。

23. 临时电源线破损导致人员触电

2018 年 6 月 28 日 10 时 36 分，常州某机械有限公司（本案例简称机械公司）车间内发生一起触电事故，1 名打磨工在收取临时电源线时触电身亡。

（1）企业基本情况

机械公司经营范围包括机械零部件的制造、加工，金属材料销售。

（2）事故经过和救援情况

2018 年 6 月 28 日，时值高温天气期间，机械公司打磨工刘某某和王某某利用打磨机打磨钢结构件。10 时 36 分，刘某某完成打磨工作，在收取临时电源线时，左手中指触及电源线破损处铜丝，立即触电倒地。

10 时 40 分，王某某完成工作，发现刘某某倒在距他 1 米处的地上，于是立刻跑去告诉公司法定代表人。公司法定代表人立刻跑出来察看情况，并让人拨打“120”急救电话，随后公司员工把刘某某抱到车间门口通风处，并给刘某某做人工呼吸。11 时 04 分，“120”急救车赶到现场，并把刘某某送到医院抢救，12 时 03 分，刘某某经抢救无效死亡。

（3）事故原因分析

1）直接原因

事故位于机械公司加工设备车间内，刘某某工作中使用的临时电源线为车间简易拖线板电源线，无接地线，离插座 2.5 米处的中间部位有一处绝缘破损后的接头，其中一根导线接头上的两根铜丝已经戳破两层绝缘胶布并裸露在胶布外面，连接临时电源线的插座无漏电保护装置，插座无接地保护线路。

刘某某安全意识淡薄，未确认电源是否被切断，在没有先拔出插头的情况下就直接收取破损的临时电源线，致使触电。

2）间接原因

①企业作业现场安全管理缺失，存在事故隐患。该车间地面铁屑聚积，作业人员长期使用临时电源插座以及常有带电移动线路、电气设备的行为，公司安全管理人员未及时制止，导致事故隐患长期存在。

②企业安全生产主体责任不落实，机械公司未建立健全安全生产

责任制、安全生产规章制度和操作规程，未开展风险分级管控和建立隐患排查治理双重预防机制。相关安全管理人员未按规定对作业人员进行安全教育培训，仅进行过口头安全教育，未能使从业人员掌握作业中存在的风险因素、防范措施等相关内容。

③企业未督促、检查生产场所的安全生产工作，对于生产现场带电移动电气线路、电气设备等现象未及时发现并制止。

（4）事故教训和整改措施

经调查取证和事故原因分析，事故调查组认定发生在机械公司车间内的人员触电事故是一起生产安全责任事故。公司要深刻反思、举一反三，根据事故原因和事故教训分析，采取以下整改措施：

1）逐级落实安全生产主体责任，建立健全并督促落实各项安全生产规章制度和操作规程。做好安全生产标准化建设工作，明确相关安全注意事项，有针对性地制定安全防范措施和应急救援预案并进行演练，确保各项安全管理和技术措施落实到位。

2）加强生产现场安全管理，建立事故隐患排查治理制度，做好风险分级管控和隐患排查治理双重预防机制建设工作，制定符合实际的隐患排查治理清单，明确隐患排查的内容、频次和人员，及时发现、消除安全生产事故隐患，彻底检查电气设备及其防护设施，做好现场规划，加强对设备、电气、管线的管理。

3）加强员工的安全教育培训工作，特别是岗位基本安全技能、操作技能培训，提高员工安全意识和自我防范保护能力；公司的安全责任人应定期组织并参与安全检查、召开安全例会等安全管理活动，并做好记录。

（5）相关知识与管理借鉴

在责任认定中，认为作业人员未能确认电源是否被切断，未能先拔出插头就直接收取破损的临时电源线路，对本起事故的发生负有直接责任。同时认定，公司法定代表人未能督促、检查本单位的安全生产工作，未能及时发现并消除临时电源线破损后仅用绝缘胶布包裹的生产安全事故隐患，对本起事故的发生负有管理责任。

作业人员按规章安全操作与公司管理者的管理责任，二者同等重要。破损的临时电源线应该是企业提供的，而不是作业人员从自家带来的，因此没有提供符合要求并保障安全的临时电源线，企业负有管理责任。

施工现场预防触电事故，应注意以下事项：

1）施工现场变（配）电设施应按设计图安装，配电箱、开关箱及其电气装置应符合施工现场临时用电安全技术规范。

2）在建工程（含脚手架）的外侧边缘与外架空线路的边线之间必须保持安全操作距离。

3）施工现场的机动车道外架空线路交叉时，架空线路的最低点与路面的垂直距离符合要求。

4）现场架空线路与施工建筑物水平距离不小于10米，架空线路的最低点与地面的距离不小于6米。10千伏以下的架空线的边线与旋转式起重机的任何部位或被吊物之间的最小距离不得小于2米。

5）在施工现场专用的中性点直接接地的电力线路中必须采用接零保护系统。电气设备的金属外壳必须与专用保护零线连接。

6）照明线路电源线、手持工具电源线必须可靠、完好。配电箱、开关箱内的电气必须可靠、完好。

7）开关箱每一闸刀开关下端，装配一只适合机械动力用的漏电保护器。

8）所有配电箱、开关箱内的电气应每月检查和维修一次。

9）照明线路要按规定的标准架设，严禁采用一根相线与一根地线用于照明。

10）在施工现场，非专业电气操作人员不准乱动电气设备。

24. 升降机上升压断电源线造成触电

2017年7月15日，江苏某电缆有限公司（本案例简称电缆公司）发生一起触电事故，造成3人伤亡。

（1）企业基本情况

无锡某煤炭机械厂（本案例简称煤炭机械厂）创建于1987年，有员工125人，专业生产起重机。

（2）事故经过和救援情况

2017年7月15日16时35分许，煤炭机械厂维修作业人员在电缆公司橡缆车间更换20号起重机钢丝绳，在维修过程中将手持电动工具遗留在升降机平台上，手持电动工具电源线使用了没有护套的塑料双绞线，当升降机在上升过程中，塑料双绞线被挤压绝缘破损，带电芯线直接搭在升降机上，造成升降机带电。当升降机进一步上升，作业人员身体接触升降机时发生触电事故。

事故造成3名维修作业人员死亡，直接经济损失约350万元。

（3）事故原因分析

1）直接原因

升降机带电，作业人员身体接触升降机时发生触电事故。

2）间接原因

①苏某某个人借用煤炭机械厂的资质承接业务；电缆公司违反发包方相关规定，未经审批安排临时用电作业；电缆公司未对维修作业人员和维修作业现场进行安全管理。

②煤炭机械厂违规允许苏某某以本单位名义承接起重机维护保养工作，且未对其实施必要的安全管理。

③电缆公司供电系统漏电保护等安全设施不完备，未严格按照《安全生产法》和公司相关安全管理制度规定，对承包方进行有效的安全生产统一协调、管理。

（4）事故教训和整改措施

1）煤炭机械厂应深刻吸取事故教训，强化法律意识，严格依法经营，依法履行安全生产主体责任，完善企业安全管理制度，加强员工安全教育培训，切实落实对外派施工队伍作业现场的安全管理措施，确保安全生产。

2）电缆公司应深刻吸取事故教训，举一反三抓好整改，一是开展全厂性的安全检查，特别是供电系统接地、接零保护和漏电保护设施安全隐患排查，对查出的问题必须立即整改到位；二是全面开展全员安全教育，切实增强企业员工遵章守纪自觉性的教育；三是切实加强公司有关车间、部门对公司安全生产规章制度，执行情况的监督检查，严肃查处违规违章行为，杜绝类似事故的再次发生。

（5）相关知识与管理借鉴

在这起事故中，当升降机在上升过程中，塑料双绞线被挤压致绝缘破损，导致带电芯线直接搭在升降机上，造成升降机带电。当升降机进一步上升，作业人员身体接触到升降机时，发生触电事故。

人体是导电体。当电流通过人体形成回路时，就发生了触电事故。具有一定强度的电流通过人体时，对人体的组织细胞产生复杂的作用，使人体肌肉剧烈收缩，组织细胞受到损害。当电流足够强时，人会失去自动摆脱电源的能力，神经迅速麻痹，呼吸停止，心脏停止搏动，有时还会使某些器官出血，以致死亡。

预防触电事故，绝缘、屏护和安全距离是最为常见的安全措施，是防止人体触及或过分接近带电体造成触电事故的主要安全措施。

1）绝缘。绝缘就是用绝缘材料把带电体封闭起来。常用的绝缘材料有塑料、橡胶、瓷、玻璃、云母、木材、胶木、布、纸和矿物油等。

2）屏护。屏护就是用遮栏、护罩、护盖以及箱匣等将带电体与外界隔离开来。电器开关的可动部分一般不能进行绝缘，而要使用屏护。高压设备不论是否绝缘，均应采取屏护措施。用金属制成的屏护装置，要与带电体绝缘良好，还应接地。屏护不仅可防止触电，还可防止电弧伤人。

3）安全距离。安全距离就是带电体与设备、设施之间，以及作业时人员与带电体之间要保持一定的间距，以防止电气短路和放电伤人。安全距离还可起到防止火灾、防止混线、方便操作的作用。

25. 在有限空间焊接焊钳绝缘层破损导致触电

2015 年 7 月 20 日 7 时 50 分左右，泰州某造船厂（本案例简称造船厂）在建造散货船过程中发生一起触电事故，事故造成 1 人死亡，直接经济损失约 109.6 万元。

（1）企业基本情况

造船厂于 2006 年 9 月 21 日注册成立，主要经营钢质船修造。

（2）事故经过和救援情况

2015 年 7 月 20 日 5 时左右，杨某某和王某某按照蒋某某的安排，装配事故船舶前右舷外部钢板，王某某在船舱外用千斤顶将钢板顶在龙骨上，杨某某使用电焊机在船舱内将顶好的钢板焊接在龙骨上。

二人工作到 7 时 50 分左右时，王某某将前右舷外部的一块钢板顶好后，通知杨某某焊接固定，杨某某回应后，王某某随即去仓库拿白色记号笔。约 5 分钟后，王某某回到现场喊杨某某，杨某某没有反应。王某某立即钻进船舱，发现杨某某头朝北趴在舱内的龙骨上，胸口压住焊钳，全身潮湿，没有了呼吸。王某某立即将焊钳从杨某某身下抽出来扔出船舱，然后钻出船舱求救。

造船厂副总听到王某某呼救声后立即拨打了“120”急救电话，并安排现场人员用车将杨某某送往医院抢救。9 时 50 分左右，医院宣布杨某某经抢救无效死亡。

（3）事故原因分析

事故发生后，调查组对焊机进行检验检测。经检验检测，焊机本体没有故障，但在安装时未设置外壳接地保护、电源箱未安装漏电保护器。事故发生时死者使用的焊钳绝缘层破损、焊接电缆线多处破损。

1）直接原因

杨某某在有限空间内从事焊接作业，作业环境潮湿，使用的电焊机未安装漏电保护装置，焊钳绝缘层破损，作业过程中触电死亡。

2）间接原因

①造船厂安全防护缺失，隐患整改不及时。管理人员在日常管理中已经发现事发电焊机未设置外壳接地保护、电源箱未安装漏电保护器，但未能及时采取措施消除生产安全事故隐患。

②造船厂有限空间作业未安排专人监护。施工人员在船舱进行焊接时，未安排人员进行监护，杨某某触电后不能及时得到救治。

③造船厂教育培训不到位。造船厂将装配劳务发包给蒋某某个人，依赖蒋某某对施工人员进行培训，但未对培训情况进行督促、检查，造成无论是造船厂还是蒋某某都没有对施工人员进行安全教育、培训、考核。

（4）事故教训和整改措施

调查组经过对事故原因的调查分析，认定这是一起生产安全责任事故。

1）造船厂应从此次事故中吸取深刻教训，严格遵守国家有关法律法规，做好从业人员的安全生产教育和培训工作，未经教育、培训合格的从业人员不得安排其上岗作业。

2）造船厂应建立健全有限空间作业安全生产规章制度和操作规程，明确有限空间作业安全责任，加强对有限空间作业的监护。

3）造船厂应做好作业场所用电设备及安全设施的维护保养工作，确保其正常、安全运行。

4）造船厂应做好生产安全事故隐患排查治理工作，对发现的事故隐患应当采取有效措施及时消除，确保安全生产。

（5）相关知识与管理借鉴

在这起事故中，作业人员在有限空间内从事焊接作业，作业环境潮湿，使用焊机未安装漏电保护装置，焊钳绝缘层破损，造成人员作业过程中触电死亡。进一步分析可知，没有及时发现焊钳绝缘层破损，这应该属于焊工的责任；焊机未安装漏电保护装置，这应该属于企业安全管理者责任，因为在每年进行的专项安全检查中，应该能够发现此类事故隐患。

焊接作业人员在作业过程中，应注意以下事项：

1）焊接作业人员属特种作业人员，须经专业培训机构培训并考核合格，掌握操作技能和有关安全知识，取得操作资格证件，持证上岗作业。未经培训、考核合格者，不准上岗作业。

2）焊接设备外壳、电器控制箱外壳等应设保护接地或保护接零装置；拆除电源线、消除电焊机故障、移动电焊机及焊工离开现场时必须将电源开关断开；电焊机的一次、二次接线端应有防护罩，且一次接线端需要用绝缘带包裹严密，二次接线端必须使用线卡子压接牢固。

3）焊接作业人员必须穿戴齐全劳动防护用品。焊接作业人员应保证工作服、绝缘鞋、绝缘手套、防护面罩、遮光镜片质量合格，性能达到国家标准要求。这是防止电击、电烧伤、皮肤金属化、电光眼和机械性伤害等的最基本和最有效的措施。

4）作业期间特别是更换焊条时必须按规定戴好电焊绝缘手套；对于空载电压与焊接电压较高的焊接操作和在潮湿环境下的操作，操作者应使用绝缘橡胶衬垫或站在干燥的木板上，确保操作者与工件绝缘。特别是在夏天炎热天气，由于身体出汗后衣服潮湿，操作人员不得依靠在焊件上、工作台上。

5）登高作业时，禁止把焊接电缆缠在身上操作；在高处接近 10 千伏以上高压线或裸导线排时，与高压线或裸导线排的水平垂直距离不得小于 3 米；在 10 千伏以下高压线或裸导线排的水平、垂直距离不得小于 1.5 米，否则，必须搭设防护架或停电，并经检查确无触电危险后，方可操作。登高焊接作业应设专人监护，如有异常，应立即采取措施。

6）焊接作业现场照明不足时应使用行灯，禁止使用 220 伏照明灯，一般环境使用的照明电压不超过 36 伏，在潮湿、金属容器等危险环境，照明行灯电压不得超过 12 伏。

7）雨雪天必须在室外露天进行电焊作业时，一定要采取防雨雪措施（如防雨棚等），防止雨水淋湿焊机、导线及焊把，造成漏电伤人事故。

8）焊接设备的安装、检查和修理必须有持证电工来完成，操作人员不得自行检查和修理焊接设备。

26. 人员触及碘钨灯接线端子发生触电

2016 年 9 月 5 日 10 时 30 分左右，唐山某自动化设备有限公司

（本案例简称自动化设备公司）在路北区自来水公司二次供水泵房维修作业过程中发生工作人员触电事故，造成1人死亡，直接经济损失约90万元。

（1）企业基本情况

自动化设备公司成立于2007年，有8名员工，主要从事开关控制设备制造、销售。

（2）事故经过和救援情况

2016年9月2日，自动化设备公司接到自来水公司电话，通知某地下室二次供水泵房发生故障，配电柜进水需要维修。自动化设备公司于9月3日开始对进水的配电柜进行维修。

2016年9月5日，自动化设备公司经理赵某对当天工作进行了安排，员工张某某、柳某某和刘某某负责配电柜更换元器件及清理积水，张某负责打杂及烘干配电柜。10时30分左右，员工张某在擦拭柜体起身时右面颊不慎触及用于烘干的碘钨灯接线端子，导致触电受伤。

事故发生后，现场员工张某某、柳某某、刘某某3人立即进行了施救，并做了心脏复苏和人工呼吸，刘某某拨打了“120”急救电话。11时15分左右，张某被送到医院进行抢救，12时10分左右，张某经抢救无效死亡。

（3）事故原因分析

1）直接原因

①张某在给配电柜进行擦拭、烘干过程中对周围作业环境注意不够，安全防范意识淡薄，在潮湿的作业环境中没有穿绝缘鞋，在擦拭柜体起身时不慎触及用于烘干的碘钨灯接线端子，导致触电。

②自动化设备公司作业现场碘钨灯高度只有1.7米，金属外壳没有接地保护，张某属于违章使用碘钨灯进行烘干作业。按照《施工

现场临时用电安全技术规范》规定：“碘钨灯及钠、铊、铟等金属卤化物灯具的安装高度宜在 3 米以上。”

2）间接原因

①自动化设备公司安全管理不到位。作业现场布置局促，存在事故隐患，未采取必要的监护措施，未开展现场安全监管。员工张某某不具有电工上岗操作证，违规为碘钨灯接电。

②自动化设备公司教育培训不到位。对从业人员进行安全教育培训针对性不强，员工安全意识淡薄，对作业场所存在的危险性认识不足，自我防范意识差。

（4）事故教训和整改措施

这是一起因违章作业、安全生产管理不到位、教育培训不到位而引发的生产安全责任事故。

1）自动化设备公司要深刻吸取事故教训，进一步加强对生产经营的管理，强化现场安全监督和对特种作业人员管理，杜绝无证上岗，有效地防范各类事故发生。

2）自动化设备公司要加强对从业人员的安全生产教育培训工作，确保从业人员具有对本岗位各类事故隐患和风险的判断识别能力，并严格执行安全管理制度和安全操作规程，不断提升作业人员的安全意识和技能。

3）自来水公司要举一反三，认真吸取此次事故教训，进一步完善管理制度，加强设施管控，全面强化企业安全管理，特别是进一步加强对设备维保单位现场作业的监督，最大限度地防范和杜绝生产安全事故发生。

（5）相关知识与管理借鉴

在这起事故中，配电柜进水需要维修，4 名作业人员前往处理，在作业中，1 人面颊触及用于烘干的碘钨灯接线端子处，导致触电受伤。碘钨灯接线后没有使用绝缘胶布缠绕接线端子，结果导致人员触电。这一方面是接线人员的马虎大意，另一方面则是管理人员的疏忽。使用碘钨灯烘干配电柜是一项经常性的作业，管理人员理应设计出更安全的接线方式，从而保证作业人员的安全。

27. 临时照明电缆接头漏电造成触电

2016 年 9 月 11 日 10 时 06 分，秦皇岛某防腐工程有限公司（本案例简称防腐工程公司）员工在某造船重工有限责任公司（本案例简称造船公司）总装场地进行平底打磨作业过程中发生触电事故，造成 1 人死亡，直接经济损失 99 万元。

（1）企业基本情况

造船公司，成立于 2007 年 5 月 30 日，经营范围为金属船舶、海洋工程装备的制造、修理及技术服务。公司下设 20 个部门，有员工 2 061 名，安全监察部有安全管理人员 52 名。

防腐工程公司成立于 2014 年 3 月 13 日，经营范围为船舶及钢结构防腐、脚手架搭拆；涂防锈漆工程及服务等，有员工 200 人，安全管理人员 9 人。

2014 年 3 月 4 日，造船公司与公司甲签订平台建造合同，2014 年 3 月 8 日开工建设，事发时钢结构工程基本完成，准备滑道下水。防腐工程公司负责平台防腐涂装工程，造船公司服务车间负责平台公用照明的安装与维护。

（2）事故经过和救援情况

2016 年 9 月 11 日，防腐工程公司计划上午对平台进行平底打磨，下午进行第二次报验。8 时，防腐工程公司安排 45 名工人在平台下使用塑料风管和帆布跨越地面 6 根轨道进行通风、防护作业和对平台平底进行手工打磨作业。

约10时，打磨人员王某某右脚踩上第4根轨道，准备用手电筒照明抬头检查平底打磨的质量时触电，身体被电击弹开后摔倒在地，起来后立即大喊轨道有电，提醒工人不要触碰该轨道，并给现场负责人李某某打电话告诉他轨道有电。此时李某某在王某某北面约9米处，正在第4根轨道东侧检查平底打磨质量情况，接电话过程中碰到带电的轨道，随后趴倒在轨道上。

在李某某身后约5米处巡查的经理助理庄某听到李某某的叫声，跑过去看见李某某趴在轨道上。庄某把手缩进雨衣，搂住李某某的脖子猛地一下用力把李某某带离了轨道。随后跑来的人员给李某某做胸外按压和人工呼吸，并拨打了“120”急救电话。因情况紧急，防腐工程公司于10时25分派车把李某某送到医院抢救，李某某经抢救无效死亡。

（3）事故原因分析

1）直接原因

平台下搭在第4根轨道上的临时照明电缆接头受潮漏电，李某某在检查平底打磨质量时，触碰到带电的轨道发生触电。

2）间接原因。

①防腐工程公司现场安全管理不到位。公司片面追求施工进度，施工现场管理混乱，管理人员没有认真地进行安全检查和隐患排查，未能及时发现和处理现场掉入雨水中并搭在轨道上的电缆。

②防腐工程公司安全防护措施不到位。公司没有根据作业环境和天气变化采取有效的防护措施，雨天作业未组织现场作业人员穿戴雨衣、雨靴等防护用品。

③防腐工程公司安全教育培训不到位。公司现场管理人员和从业人员风险辨识能力差，安全意识淡薄。

④造船公司服务车间在敷设照明线时，未经允许将电源线连接在平台西侧外非本车间的灯塔电源箱内断路器电缆上，违反公司安全操作规程。照明电源采用380伏一火线一地线的接线方式，违反公司安全操作规程。照明电源未安装漏电保护器，违反公司车间各种设施使用管理规定。

⑤造船公司安全检查和教育培训不到位。公司没有认真落实安全检查和隐患排除制度，未及时发现平台下敷设的临时用电照明线路存在的安全隐患。公司对用电操作规程、用电管理规定和电气设备性能等培训教育不到位。

⑥造船公司用电安全规章制度不完善，公司对临时用电线路的申请程序及使用规定、电气设备的使用审批不完善。

（4）事故教训和整改措施

这是一起因违章操作、安全管理不到位引发的生产安全责任事故。

1）造船公司要认真吸取事故教训，加强对外协队伍的监管，立即对本单位开展一次安全生产大检查，全面排查和消除用电及其他事故隐患，特别是雨天作业时临时用电线路及用电设备的安全检查，把用电作业双人监护制度切实落到实处，严厉查处各种“三违”行为，杜绝同类事故的发生。

2）造船公司要定期开展全员的安全教育培训，进一步提高工人的素质和实际操作能力。从学习安全生产各项检查制度和隐患排查制度入手，掌握生产工作中隐患排查的方法并能熟练应用，切实提高公司对事故防范能力。

3）造船公司要进一步落实安全生产责任制，加强对协作单位生产安全的统一协调，根据实际情况进一步完善各工种的岗位操作规程和作业审批制度，建议对公司供电电工安全操作规程进行修改，增加使用非本部门电气设备设施等的审批内容，使之具有更强的可操作性。

4）防腐工程公司要认真吸取事故教训，要切实加强作业现场的隐患排查和管理。加强对特殊天气条件下现场作业的过程管理，立即开展全面的风险辨识和安全培训教育，切实做好安全检查和隐患排查工作，有效提高作业现场的管控能力。

5）防腐工程公司要进一步完善公司管理制度，增加应对雨天等特殊天气下作业的施工作业办法，根据作业环境和条件变化，正确穿戴劳动防护用品，不盲目施工。

（5）相关知识与管理借鉴

临时用电安全技术保障：

1）公司应确保配备经过培训考试合格的电工从事临时用电安全管理工作。

2）安装、维修或拆除临时用电工程，必须由专业电工严格按设计图完成。

3）现场电气控制系统接线完毕后，须对整个系统的线路部分及线路上所接所有设备、电器进行严格检查，验收合格后方可接电投入使用。

4）对于现场临时用电使用人员必须做好安全用电、电气防火等措施的技术交底，确保临时用电的安全。

28. 人员带电进行线路恢复作业触电

2017 年 7 月 14 日，河北某科技有限公司（本案例简称科技公司）在其施工的智能水井房通信模块数据调试过程中发生一起触电事故，造成 1 人死亡，直接经济损失 130 万元。

（1）企业基本情况

科技公司成立于2016年10月20日，经营范围包括农业自动化设备、智能化设备、电子设备研发、制造、销售、安装及维护等。

河北某灌溉设备制造有限公司（本案例简称灌溉设备公司）成立于2013年3月13日，经营范围包括塑料管材、型材及配件、喷灌管、水处理过滤设备制造、销售等。

灌溉设备公司自2016年10月开始安装博野县某村共23个智能水井的工作，每个智能水井工作内容包括：设置智能井房及其地下抽水到各使用点的PVC管材的输送管道、安装智能井房的电气线路及其与变压器处的接线、安装调试出水量远程传输的通信模块等，其中电气线路安装由灌溉设备公司派出的电工刘某安装。

该项目于2017年2月完工后，由博野县灌溉项目建设管理部组织相关单位进行验收，在验收过程中，发现智能井房的通信模块不能将数据信息远程传输到水利局，需要进一步进行数据升级，属于整改项。此后，为了不影响村民使用，博野县灌溉项目管理部将智能水井的电卡交给博野县有关乡镇的村电工管理。

2017年7月初，灌溉设备公司联系科技公司进行通信模块升级，约定升级时由科技公司通知灌溉设备公司，由灌溉设备公司提供交通、食宿等方面的支持。

7月5日，科技公司销售部部长徐某安排司机李某拉着技术员林某到博野县进行通信模块软件升级。灌溉设备公司得知后，派出本公司电工刘某到现场，因为需要刷卡才能通电，刘某便找到该村电工，跟该电工说了软件升级情况，取得智能井房的电卡，后该电卡一直由林某保存，在进行通信模块升级调试时刷卡通电。当天刘某便回到灌溉设备公司。

（2）事故经过和救援情况

2017 年 7 月 14 日 7 时 30 分，科技公司销售部部长徐某派本公司员工林某乘坐李某所驾驶汽车出发，8 时 15 分到达现场开始进行智能井房的通信模块升级。

升级过程中，发现该村部分安装的智能水井房电气线路有被违规改动现象，将 380 伏电缆线跳过智能井房控制部分直接与水泵线路连接在一起。林某首先把被改动的线路恢复后，再由李某持卡去变压器处插卡通电，然后进行通讯模块软件调试升级。

16 时左右，当林某在当天进行第五个智能井房通讯模块升级时，未检查智能井房的电气线路是否被改动，而是直接到变压器处插卡通电，到达智能井房后，林某拿着旋具下车准备检查恢复线路。李某开车在前面田间道路五六米的地方掉头。大约过了 2 分钟，当李某刚掉完车头，就发现林某已经仰面倒在地上，李某看到林某手握旋具，双手都有血迹，其中右手掌皮肤爆开，有被电击的痕迹。

事故发生后，李某首先拨打了“120”急救电话，然后对林某对林志进行了心肺复苏和人工呼吸等急救措施，16 时 20 分钟左右，医院救护车赶到，对林某进行诊断并进行抢救，发现其已经无生命迹象。

（3）事故原因分析

1）直接原因

林某在未佩戴任何绝缘防护用品的情况下，带电进行线路恢复作业，导致触电事故发生。

2）间接原因

①科技公司安全管理不到位。公司未按规定对智能井房进行风险因素辨识，未告知林某存在的风险因素；林某在未取得电工特种作业

操作证的情况下无证带电作业，导致触电事故发生。

②科技公司安全培训教育不到位。公司培训安全内容针对性不强，致使员工安全意识淡薄，作业过程中麻痹大意，冒险作业，自我防护意识差。

③博野县灌溉项目建设管理部监管不到位，日常检查工作不细不实，致使已经安装完毕的智能水井房380伏电气线路被人为拆卸、改接，而未能及时发现和消除其安全隐患。

（4）事故教训和整改措施

这是一起因安全管理不到位、员工违章作业行为发生的生产安全责任事故。

1）科技公司要严格落实企业安全生产主体责任，要认真吸取事故教训，举一反三，对全公司员工开展一次事故警示教育，提高安全生产管理水平，切实防范各类生产安全事故的发生。

2）科技公司要按照国家相关规定，特种作业人员必须持证上岗，并严格遵守相关安全操作规程。

3）科技公司按规定为员工配发合格的劳动防护用品，并督促其正确佩戴和使用；要加强应急救援知识的培训，员工应掌握必要的应急救护知识。

4）博野县灌溉项目建设管理部要认真总结事故教训，举一反三，切实加强行业监管，加大监督检查力度，全面排查各类隐患和问题，确保生产安全。

（5）相关知识与管理借鉴

在这起事故中，作业人员的疏忽大意害了自己，在当天进行第五个智能井房通讯模块升级时，作业人员没有像此前一样先检查智能井房的电气线路是否被改动过，而是直接到变压器处插卡通电，到达智能井房后，直接拿着旋具下车准备检查恢复线路，结果发生触电事故。此外，作业人员在未穿戴任何绝缘防护用品的情况下，带电进行线路恢复作业，也是不正确的。穿戴绝缘防护用品（绝缘鞋、手套等）的目的是防止触电伤害，假设在这起事故中作业人员穿戴了绝缘防护用品，就有可能免受触电伤害。

29. 加料过程未断电违章操作发生触电

2016 年 5 月 24 日 22 时 10 分左右，河北某阀门制造有限公司（本案例简称阀门制造公司）铸造车间工人在电炉操作过程中，发生一起触电事故，造成 1 人死亡，直接经济损失 93.24 万元。

（1）企业基本情况

阀门制造公司经营范围包括高、中、低压阀门，法兰，管件，铸铁件，水泵，汽车零部件及配件制造等。

该公司主要产品是法兰，有一个铸造车间、一个加工车间、一个库房；公司有员工 32 人，其中铸造车间 8 人，加工车间 15 人，库房 7 人，管理人员 2 人。铸造车间内有 0.5 吨中频感应电炉一台、模具若干；加工车间有车床 10 台、钻床 5 台。

（2）事故经过和救援情况

2016 年 5 月 24 日 22 时，铸造车间工人王某某和班长马某某一起往中频感应电炉内加满碎铁屑，然后接通电炉电源，之后，班长马某某去锅炉房打开水。

22 时 10 分左右，铸造工刘某某听到王某某“啊啊”地叫了两声，回头看到王某某趴在铁屑压缩块上，刘某某赶紧跑过去切断电源，然后去扶王某某，当时王某某趴在铁屑压缩块上说：“电着我了”。刘某某扶着王某某坐到电炉南边地上，靠着刘某某的腿就不再动了。

班长马某某听到喊声回到车间后，赶紧拨打了“120”急救电话，“120”救护车来到后，医生把王某某的衣服袖子卷起来做心电检查，发现王某某左手腕上部两寸左右的地方有电击灼伤痕迹，经医生诊断王某某已经死亡。

（3）事故原因分析

1）直接原因

经事故调查组调查及专家组研究论证，该公司中频感应电炉存在缺陷，加料平台低于炉口平面约800毫米，严重影响操作人员加料操作，铁质物料填装时大面积接触人体，且在加新料过程中应断电操作而未断电，违章操作是事故的直接原因。

2）间接原因

①阀门制造公司安全管理制度不健全，现场无操作规程。

②操作工王某某佩戴的绝缘手套、工作服破损未起到绝缘效果，身体与铁屑压缩块形成导电回路。

③阀门制造公司安全教育培训不到位，未建立教育培训档案，致使未经安全生产教育和培训合格的工人上岗作业。

（4）事故教训和整改措施

这是一起设施设备存在缺陷，操作工违章作业引发的生产安全责任事故。

1）阀门制造公司应对存在缺陷、不利于安全操作的中频感应电炉进行升级改造。

2）阀门制造公司应建立完善的安全生产管理制度。

3）阀门制造公司应在今后工作过程中发放足够的合格的劳动防护用品并监督员工正确佩戴，杜绝“三违”现象发生。

4）阀门制造公司应加强员工的安全教育工作，建立健全教育培训档案。

（5）相关知识与管理借鉴

事故之后，经调查组现场勘查和研究论证，认为该公司中频感应电炉存在缺陷，加料平台低于炉口平面约 800 毫米，严重影响操作人员加料操作，铁质物料填装大面积接触人体，且在加新料过程中应断电操作而未断电，属于违章操作，是导致事故的直接原因。作为间接原因，则是操作工佩戴的绝缘手套、工作服破损未起到绝缘效果，身体与铁屑压缩块形成导电回路。

应断电却没有断电进行加料操作，据分析属于习惯性违章作业，因为这种作业方式比较省事；绝缘手套、工作服破损应该能够发现，并且应该及时更换，却一直凑合使用没有更换，可能属于怕麻烦心理或者没有到更换时间。

安全是一种意识，也是一种习惯，如果能够养成重视安全的习惯，那么就会避免许多可能发生的危害。“让安全成为一种习惯，让习惯变得更安全”是中国铝业公司中州分公司热电厂供电车间运行班喊出的口号。这个班组实在不简单，每年倒闸操作高达 5 万余次，却无一差错；每年签发工作票 2 000 多份，正确率达到 100%，实现安全生产 1 300 天，创该厂建厂以来安全供电历史的最高纪录。

“让安全成为一种习惯，让习惯变得更安全”不仅是该班组的一句口号，也是班组成员的一项共识。翻开运行班组的运行日记扉页，醒目地标示着定期工作制：每天 8 时 10 分召开班前会、每周二 16 时开展班组安全日活动、每月第一周开展一次事故预想会、每月第二周进行一次系统防护性试验、每月第三周进行一次事故预案演练、每月的 28 日进行月安全总结。大到各项安全制度，小到劳动防护用品的正确穿戴等一律不折不扣地执行，成为全体运行员工的自觉行为，并形成了一种习惯。在安全习惯的推动下，班组创造了灿烂的业绩。

30. 过早摘掉绝缘手套导致触电

2015 年 8 月 12 日 17 时 45 分，保定市某汽车有限公司（本案例简称汽车公司）发生一起触电事故，该事故造成 1 人死亡，直接经济损失 71 万元。

（1）企业基本情况

汽车公司成立于 2012 年 5 月 31 日，经营范围为汽车车身、上装、零部件总成、汽车配件的生产销售及售后服务等。

（2）事故经过和救援情况

2015 年 8 月 12 日 16 时 30 分左右，汽车公司设备动力科接到产品制造中心自卸车部门立车组报修，工位 130 号、154 号配电箱两处漏电保护器出现故障。

设备动力科科长石某某安排电工组组长马某某带领电工田某某、纪某某于 17 时对故障点进行抢修。3 人到达工位配电箱后，马某某对 3 人工作进行了分工，其中纪某某主修，田某某监护，马某某守护配电总闸。很快将 130 号配电箱故障排除，纪某某、田某某 2 人到 154 号配电箱时发现故障配电箱距地面较高，纪某某找到两个焊丝轮垫在脚下开始对该故障点进行检修。

17 时 45 分左右检修完毕，纪某某摘下绝缘手套即让田某某通知马某某送电。由于故障点距离总闸较远，田某某去向总闸方向走了十几米后发出送电口令。随着送电口令的下达，正在从焊丝轮上下来的纪某某单脚踏空摔倒，出于自我保护的本能，纪某某的手扶向了离身体较近的配电箱，由于检修以后配电箱未被及时关闭，纪某某手接触到了电源线，导致触电事故发生。

事故发生以后，马某某、田某某对纪某某实施了胸外按压心肺复苏和人工呼吸。“120”救护车到达以后，医生在现场也对纪某某进行了现场抢救并将纪某某送到医院急救，18 时 35 分左右，纪某某经抢救无效死亡。

（3）事故原因分析

1）直接原因

现场作业人员在登高作业中，未采用专用梯台且检修完毕后未及时锁闭配电箱，过早摘掉了绝缘手套，致使肢体与电源直接接触。

2）间接原因

①企业未能严格落实隐患排查治理工作，未按安全生产工作要求进行安全检查，安全巡视制度的落实流于形式，致使违章行为得不到及时发现和制止。

②特种作业施工管理不到位，特种作业审批制度未得到有效落实，检修前未对作业环境进行安全确认。

③现场监护工作不到位。监护人员未能严格履行监护职责，未能及时制止操作人员违章操作行为。

（4）事故教训和整改措施

经调查组认定，这是一起因工人违章作业、企业安全管理不到位造成的安全生产责任事故。企业应落实以下整改措施：

1）切实加强企业安全生产主体责任的落实。企业要贯彻“安全第一、预防为主、综合治理”的方针，切实抓好安全生产工作，建立健全并严格执行各项规章制度和安全操作规程，尤其要针对危险作业制定和完善相应的安全技术规程；健全安全生产责任体系，明确各岗位的安全生产职责，严格责任追究制度；加强安全生产教育培训，提高从业人员安全意识和操作技能；严格特种作业人员管理，杜绝无证上岗。

2）强化企业安全生产管理工作。企业各级管理人员要摆正生命与生产、效益与生产、安全与发展的关系。企业组织生产的领导在组织生产工作任务时，必须坚持在计划、布置、检查、总结、评比生产工作的同时进行计划、布置、检查、总结、评比安全生产工作的原则。把安全工作落实到每一个生产组织管理环节中去。这是解决生产管理中安全与生产统一的重要原则。

3）企业要切实加强危险作业审批制度的落实。在作业任务发布、安全环境确认、现场监护、安全巡视、施工验收、作业现场撤离等环节上做到严格审批、严格管理、严格检查。

4）深化隐患排查治理。公司要在全公司开展以吸取本起事故教训为主题的隐患排查治理活动，动员全体员工认真查找单位各岗位的安全隐患。自上而下坚决杜绝违章指挥、违章冒险作业、违反劳动纪律的行为。

（5）相关知识与管理借鉴

这起事故发生在8月，正是一年之中最热的时候。能够想象，穿着绝缘鞋、工作服，带着绝缘手套已经是满身汗水，再经过检修两个配电箱漏电保护器，应该是大汗淋漓。当检修快要结束时，心情自然放松，摘掉绝缘手套，却没有想到在最后一刻触电。所以，在事故原因分析中说，检修完毕后未及时锁闭配电箱，过早摘掉绝缘手套，致使肢体与电源直接接触。如果把摘掉绝缘手套与关闭配电箱换个顺序，那么这起事故就有可能避免。

31. 维修消防设施触碰电子围栏电源线破损处发生触电

2018年8月20日15时左右，某飞机座椅有限公司（本案例简称飞机座椅公司）消防设施维护保养单位青岛某科技工程有限公司（本案例简称科技工程公司）一名员工在维修消防设施时发生一起触电事故，导致1人死亡，造成直接经济损失96万元。

（1）企业基本情况

飞机座椅公司成立于2012年6月25日，经营范围包括航空器座椅零部件生产；装配、安装、维护和维修航空器座椅等，有员工162人。

科技工程公司成立于1994年4月4日，经营范围包括消防设施工程设计；消防设施工程专业承包等。

2018年1月，飞机座椅公司与科技工程公司签订了建筑消防设施维护保养合同，合同期限为2018年1月1日至2018年12月31日。

2015年12月24日飞机座椅公司委托青岛某机电设备有限公司负责脉冲电子围栏系统设计、采购及安装工程。此工程于2015年12月24日开始，2015年12月30日完工。项目完工后，飞机公司对电子围栏功能进行了验收。电子围栏周界长度约650米，高度85厘米，由公司厂房设施与安全部负责管理使用。

（2）事故经过和救援情况

2018年8月20日，飞机座椅公司因为消防设施故障，通知科技工程公司前来维修。

2018年8月20日14点30分左右开始，李某、赵某甲在飞机座椅公司员工赵某乙陪同下前去维修消防泵房南侧电力井线路。发现井内有积水，便使用排水泵排水。在水基本被排净后，赵某甲使用验电笔测试了井内积水及电线无电后，便下井检查。

15点左右，在井旁监护的李某及赵某乙听到赵某甲“啊”的一声大叫，就到井边查看，发现赵某甲已倒地，赵某乙立即赶往配电室将全厂所有电路断开，并报告给运营总监陈某某和安全管理人员刘某某。李某第一时间拨打了“120”急救电话。刘某某赶到现场后立即对赵某甲进行了心肺复苏和人工呼吸，120救护车赶到现场后，救护人员询问了现场情况并检查赵某甲的瞳孔及心电图，告知现场人员伤者已无生命体征。

（3）事故原因分析

经现场调研分析，赵某甲在维修消防控制电缆过程中，使用左手抬起井底电缆线束，抬举时左手指外廓与电子围栏电源线破损处接触，发生触电，因电缆较重，难以脱身，造成其与电源线较长时间接触，电流经手臂、心脏及身体与管道井壁形成回路，致其触电身亡。

1）直接原因

①电子围栏电源线在施工过程中未按强、弱电井分开设置，违规借用了弱电井进行布置，在井内随意分路、破拆电源电缆，破拆分路后未按相关规范要求进行绝缘、密闭、防水处理，致事故隐患长期存在，当赵某甲进入电力井时，误认为井中无强电存在，对井内弱电电缆进行检查过程中触碰到井内带有强电的电子围栏电源线，是导致事故发生的直接原因。

②科技工程公司维修员工未按照规定佩戴绝缘手套，仅穿着绝缘鞋进入弱电井进行检修，虽经验电、排水过程，但没有对管道井内设施进行全面的漏电检测，在维修过程中碰触到井内破损电子围栏电源线，造成触电，也是导致事故发生的直接原因。

2）间接原因

①飞机座椅公司隐患排查不认真，没有及时发现并处置电力井标识不准确等隐患；厂房基建工作管理混乱，档案资料保存不善，造成强电、弱电布放在同一个井内，是导致事故发生的间接原因。

②科技工程公司特种作业人员管理及安全教育培训不到位，赵某甲未取得电工特种作业操作证上岗作业，也是导致事故发生的间接原因。

(4) 事故教训和整改措施

综合上述事故原因分析，该起触电事故是一起设施、设备存在事故隐患，事故隐患排查不到位，未严格落实安全操作规程，特种作业人员管理不规范及安全教育培训缺失造成的一般生产安全责任事故。

1）飞机座椅公司要深刻反思和吸取事故教训，健全安全生产规章制度及安全生产责任制，操作规范，严格履行安全生产主体责任，尤其要切实加强安全生产风险分级管控和隐患排查治理双重预防体系建设，结合安全标准化建设工作，立即进行全面的隐患排查，特别是设备、设施、公用动力工程、隐蔽工程，完善相应的档案和台账。牢固树立“红线意识”，切实把生产安全事故“四不放过”的要求落到实处，防止各类生产安全事故再次发生。

2）科技工程公司要健全落实安全生产责任制、规章制度及安全操作规程，加强员工、相关方人员的安全教育培训工作，特别是特种作业人员，严格执行企业的相关制度和规定，严禁无相关证书及资质人员上岗作业。

3）科技工程公司要加强现场安全巡视工作，确保现场作业人员规范作业。公司要加大各施工现场的监管力度，特别是对施工现场存在的特种作业无证上岗、未经安全生产教育培训合格上岗作业，以及其他“三违”现象进行重点监督检查，一经发现严肃处理。

(5) 相关知识与管理借鉴

在这起事故中，维护保养人员进入电力井时，由于误认为井中无强电存在，于是麻痹大意，未按照规定戴绝缘手套，仅穿着绝缘鞋进入弱电井进行检修，虽然经过验电、排水过程，但没有对管道井内进行全面的漏电检测，在维修过程中碰触到井内破损电子围栏电源线，造成触电。这起事故给相关企业以及有关作业人员提个醒，对于企业来讲，要注意排查电力井内强电、电弱电线不分、没有标识的风险，最好在最初设置的时候，就不要马虎凑合，应规规矩矩地把强电、弱电分开，不要造成事故隐患；对于作业人员来讲，在没有进行验电检验之前，还是把无电作为有电对待更为可靠、更为安全。

32. 员工擅自攀登带电线路塔杆发生触电

2014 年 9 月 10 日早上 7 点 50 分许，莱西市区某交叉路口处发生一起触电伤害事故，造成 1 人死亡，直接经济损失约 100 万元。

（1）企业基本情况

青岛某电力电气设备厂（本案例简称电力电气设备厂）成立于 2011 年 1 月，是一家从事承装电力设施业务，电器材料、建筑材料销售的企业，有员工 121 人。

青岛某电气有限公司（本案例简称电气公司）成立于 2008 年 11 月，是一家从事高压、低压开关，配电设备和监控控制设备制造和安装，承装、维修电力设施的企业，有员工 18 人。

2014 年 8 月 4 日，电气公司与电力电气设备厂签订改造工程施工承包合同，根据合同约定，发包方电力电气设备厂将莱西市城区 10 千伏线路改造工程承包给承包方电气公司。施工承包合同第十条安全责任明确了发包方与承包方各自的安全责任，合同规定：“工程发包前，对承包方的安全资质以及入网作业工作负责人、工作人员的安全资格进行审查。”

（2）事故经过和救援情况

2014 年 9 月 5 日，电气公司进行了工程施工，当日已完成 5 根导线的施工任务，最后一根导线敷设因已到当天的送电时间而未完成，但在线路上施放了绝缘导引绳，为以后的继续施工打好了基础，当日工作结束。由于第二天为中秋节，电气公司放假 3 天，施工工作中断，电气公司经甲方同意决定 9 月 10 日再继续施工，敷设最后一根导线并采用带电作业的方式进行接火。

9 月 9 日 16 时许，电气公司施工负责人张某某到电力电气设备厂项目负责人办公室，协商 9 月 10 日施工有关事宜。电力电气设备厂项目负责人特别口头交代两项内容：第一施工时间定于 9 月 10 日上午 9 时开始，施工时进行带电作业接火；第二是线路带电施工过程中，禁止电气公司人员登杆塔作业，杆塔上的工作由电力电气设备厂带电作业人员进行。

9 月 10 日上午 6 时，电气公司施工负责人张某某带领施工人员 8 人到达施工现场，开始进行线路架设施工。施工至 7 时 20 分左右，按照当天工作安排由张某某和张某两人负责线路北侧线杆的接线作业，随后张某某和张某来到北侧线杆下，约定在张某某巡视线路回来后，等待电力部门的带电作业车到达后一同进行登杆架线作业。随后张某某离开北侧线杆向南侧巡视线路，沿线路向南走出 30 米左右时，便听到身后传来“啪啪”的打火声，回头发现有一人挂在线杆上，张某某迅速到达线杆底发现挂在线杆上的人正是施工人员张某。张某某立即打电话给电力电气设备厂项目负责人刘某某说：“有人触电，赶快停电，快到现场来！”随后，张某某报警。刘某某一边赶往当事地点，一边打电话联系供电公司调控中心，请求对出事地点线路进行停电。8 时 26 分，供电公司调控中心通知刘某某线路已停电。

接到事故报警后，消防大队、“120” 救护中心迅速调集人员和车辆赶赴现场进行抢险救援。电力电气设备厂带电作业人员在做好现场安全措施后，市消防大队消防员乘高空作业车将触电人员解救下来。经现场“120” 随车医生诊断确认张某已经死亡。

（3）事故原因分析

1）直接原因

张某作为电气公司施工人员，虽具备农网配电营业工三级/高级技能资格，但不具备特种作业操作资格（登高、电工），也不具备进网电工资格，在没有带电作业防护措施的情况下，违反带电作业操作规程规定，未等电力电气设备厂带电作业人员到来进行杆上带电作业，擅自攀登带电线路塔杆作业，触及10千伏线路被电击而死，是导致事故发生的直接原因。

2）间接原因

①电气公司安排没有特种作业操作证的人员进行线路施工作业，是导致事故发生的主要原因。

②电气公司安全生产管理制度不健全，安全管理人员未按规定参加安全培训，施工具体过程中的安全技术交底、安全注意事项及现场安全措施等均采取口头约定方式，现场管理混乱，安全监管不力，造成作业班成员张某失去安全监护，是导致事故发生的另一主要原因。

③电力电气设备厂安全管理制度不健全，安全教育培训不落实，未制定事故应急预案并进行应急演练，是导致事故发生的重要原因。

④电力电气设备厂将电力工程施工项目承包给不具备安全生产条件的电气公司，是造成事故发生的另一重要原因。

⑤电力电气设备厂作为市供电公司的下属集体企业，市供电公司对电力电气设备厂所存在的安全问题失察，在工程发包过程中安全监管不力，是造成事故发生的原因之一。

（4）事故教训和整改措施

这起人员触电事故是一起现场管理不到位，安全监管不力，员工擅自攀登带电的电力线路杆塔作业而导致伤害的生产安全责任事故。

1）电气公司要按照生产安全事故的“四不放过”原则，以本起事故为教训，按规定配备安全管理人员，深入开展主要负责人、安全管理人员及全体从业人员的安全生产培训教育，进一步完善安全生产管理规章制度，强化员工遵章守法的安全意识，对公司雇用的从业人员进行严格的资格审查。公司应严格管理现场人员，带班负责人应当掌握现场安全生产情况，及时发现和处置事故隐患。同时对公司全面进行安全生产大检查，消除各类事故隐患，堵塞各种安全漏洞，确保安全生产。

2）电力电气设备厂要认真吸取事故教训，举一反三，进一步完善和规范安全责任制及安全管理制度并严格落实，特别在涉及工程发包过程中要严格按规定审查承包方工作人员的安全资质，并协调、管理好承包方施工现场的安全生产工作，按规定配备安全管理人员，深入开展主要负责人、安全管理人员及全体从业人员的安全生产培训教育，强化安全监管手段和措施，规范特种作业人员的安全生产行为。

3）市供电公司作为电力电气设备厂安全生产监管部门，要认真吸取事故教训，认真履行对下属企业的安全监管职责，特别是强化工程发包过程中的安全监管，进一步加强监管手段和措施，及时发现和处置事故隐患，堵塞安全漏洞，确保安全生产。

4）电气公司主要负责人、安全生产管理人员和其他管理人员应当接受安全生产培训，具备与所从事的生产经营活动相适应的安全生产知识和管理能力。同时按照规定加大对员工的教育培训力度，使员工熟悉有关安全生产规章制度和安全操作规程，具备必要的安全生产知识，掌握岗位的安全操作技能，增强预防事故和应急处理的能力。

5）电力电气设备厂主要负责人、安全生产管理人员和其他管理人员应当接受安全生产培训，进一步提高与所从事的生产经营活动相适应的安全生产知识和管理能力，制定并完善公司相关安全管理制度，增强预防事故和应急处理的能力。

(5) 相关知识与管理借鉴

在这起事故中，电气施工人员违反带电作业操作规程规定，未等电力电气设备厂带电作业人员到来，擅自攀登带电线路塔杆作业，结果触及了 10 千伏线路被电击而死。

通常在电气设备和线路上工作，尤其是在高压场所工作，必须完成停电、验电、放电、装设临时接地线、悬挂警告牌、装设遮栏等保证安全的技术措施。

1）停电。对所有可能来电的线路要全部切断，且应有明显的断开点。与停电设备有关的变压器与电压互感器，必须从高压、低压两侧断开，防止其向被检修设备反送电。为了防止误合闸事故，应断开开关和刀闸的操作电源，并锁住刀闸操作把手。除了检修设备外，所有在检修人员安全工作范围内的其他电气设备都应停电。

2）验电。对已停电的线路要用与电压等级相适应的验电器进行验电。高压验电时必须戴绝缘手套。

3）放电。放电的目的是消除被检修设备上残存的电荷。放电可用绝缘棒或开关来进行操作。要注意线与地之间、线与线之间均应放电。对于残存电荷较多的电容器，应采用专门的放电设备放电。

4）装设临时接地线。为防止作业过程中意外送电和感应电，要在检修的设备和线路上装设临时接地线和短路线。对于停电设备可能接受送电或产生感应电的各个部分，都要装设接地线。在装设接地线时，应先接接地一端，后接设备一段，并将三相短路。拆除时，正好相反。装拆接地线均应采用绝缘棒和戴绝缘手套。接地线必须用专用的线夹固定在设备导体上，严禁用缠绕的方法进行接地或短路。

5）悬挂警告牌和装设遮栏。在被检修的设备和线路的电源开关上，应加锁并悬挂“有人作业，禁止送电”的警告牌。对于部分停电的作业，安全距离小于 0.7 米的未停电设备，应装设临时遮栏并悬挂“止步，高压危险”的标示牌等。

33. 带电更换照明灯具作业发生触电

2013 年 7 月 10 日 15 时 20 分许，维修电工褚某某在青岛某汽车销售有限公司（本案例简称汽车销售公司）二楼客户休息区门口进行更换照明灯具作业时发生触电，经抢救无效死亡。

（1）企业基本情况

汽车销售公司经营范围为机动车整车修理、整车维护、福特（FORD）品牌汽车销售等。

（2）事故经过和救援情况

为了迎接长安福特集团每年定期的复检，汽车销售公司对内部进行了全面的排查，并将电气方面存在的问题列出清单交给行政部负责水电方面工作的褚某某进行处理。

2013 年 7 月 10 日 15 时 20 分许，褚某某 1 人在二楼客户休息区门口，脚踩 1 架铝材制人字梯更换照明灯具，并未将灯具开关置于关闭状态，属于带电操作。

褚某某将旧灯管拆下放在客户休息区吧台上，然后爬上梯子更换新灯管后发现灯管仍然不亮，于是决定将灯具从吊顶扣板上拆卸下来放在梯子上，用旋具打开灯具总成试图查明原因时突然发生触电，褚某某从梯子上摔下。

正在客户休息区吧台打热水的焦某某听到声音后立即跑到门口，发现褚某某口吐白沫头朝里躺在门口，立即电话报告了经理刘某，此时客户休息区其他服务人员拨打了“120”急救电话，“120”急救人员到来之前公司人员给褚某某做了人工呼吸、掐人中等急救措施，“120”赶到后将伤者送往医院进行抢救，17 时许褚某某经抢救无效死亡。

（3）事故原因分析

1）直接原因

电工褚某某安全意识淡薄，未将灯具开关置于关闭状态进行维修；违反公司电工岗位职责中安全操作规程规定，带电作业时 1 人单独操作，致其被电击身亡。

2）间接原因

①汽车销售公司隐患排查治理工作不到位，未能及时发现客户休息区照明线路漏电保护系统存在缺陷，并及时予以消除。

②汽车销售公司经理刘某督促、检查本单位的安全生产工作不到位，未及时消除生产安全事故隐患。

③汽车销售公司电工岗位职责未得以落实，带电作业需 2 人以上，而公司只配备了一名有特种作业操作证的电工进行作业。

（4）事故教训和整改措施

根据国家安全生产相关法律法规规定，事故调查组认定该事故是一起由于从业人员违章操作和生产经营单位主体责任落实不到位造成的生产安全责任事故。为吸取事故教训，切实做好安全生产工作，有效防范生产安全事故的发生，针对本起事故反映出的问题，提出以下事故防范和整改措施：

1）事故单位要借此事故的教训对全体从业人员进行一次安全教育培训，提高从业人员的安全意识。

2）事故单位要严格落实安全生产主体责任，认真落实隐患排查制度，加大现场安全管理和隐患排查力度，彻底排查各车间、各工种、各岗位存在的事故隐患，发现隐患立即排除，并形成长效机制。

3）事故单位要严格按照“四不放过”原则，深刻吸取事故教训，特别是要加强特种作业、高危区域的安全管理，杜绝各类事故的发生。

（5）相关知识与管理借鉴

这起事故的发生令人惋惜，电工在灯管更换过程中，未将灯具开关置于关闭状态，结果导致触电。此外，照明线路漏电保护系统存在缺陷，这个缺陷未能及时得到消除，当人员发生触电时，漏电保护系统起不到保护作用。

电工作业需要谨慎细致，作业时要注意以下事项：

1）未经安全培训和安全考试不合格严禁上岗。

2）电工人员必须持电气作业许可证上岗。不准酒后上班，更不可班中饮酒。上岗前必须穿戴好劳动保护用品，否则不准许上岗。

3）检修电气设备时，须参照其他有关技术规程，如不了解该设备规范、注意事项，不允许私自操作。

4）高处作业时，必须系好安全带。

5）正确使用电工工具，所有绝缘工具应妥善保管，严禁他用，并应定期检查、校验。

6）当有高于人体安全电压存在时，严禁带电作业。

7）电气检修、维修作业及危险工作严禁单独作业。

8）在未确定电线是否带电的情况下，严禁用钳子或其他工具同时切断两根及以上电线。

9）严禁带电移动电源电压高于安全电压的设备。严禁手持电源电压高于安全电压的照明设备。

10）手持电动工具必须使用漏电保护器，且使用前需按保护器试验按钮来检查是否可正常使用。

11）潮湿环境或金属箱体内照明必须用行灯变压器，且电源电压不准高于安全电压。

12）电工在进行事故巡视检查时，应始终认为所巡查的线路处于带电状态，即使该线路确已停电，也应认为该线路随时有送电的可能。

13）工作中所有拆除的电线要处理好，不立即使用的裸露线头用绝缘胶布包好，以防发生触电。

14）在巡视检查时如发现线路有故障或隐患，应立即通知生产方，然后采取全部停电或部分停电及其他临时性安全措施后进行处理，避免事故扩大。

15）在有电容器的设备上停电工作时，必须放出电容余电后方可进行工作。

16）电气操作顺序：停电时应先断开空气断路器，后断开隔离开关，送电时操作顺序相反。

17）严禁带电拉合隔离开关，拉合隔离开关前应先验电，拉合时应迅速、果断、到位。操作后应检查三相接触是否良好（或三相是否断开）。

18）严禁拆开电器设备的外壳进行带电操作。

19）现场施工用高压、低压设备以及线路应按施工设计及有关电器安全技术规定安装和架设。

20）在检修工作时，必须先停电验电，留人看守配电箱或在配电箱上挂警告牌，在有可能触及的带电部分加装临时遮拦或防护罩，然后进行验电、放电、封地线。验电时必须保证验电设备良好。

21）检修结束后，应认真清理现场，检查携带工具有无缺少，检查封地线是否拆除，短接线、临时线是否拆除，拆除遮栏等，通知工作人员撤离现场，取下警告牌，按送电顺序送电。

34. 带电检修起重电磁铁供电电源时发生触电

2015 年 7 月 31 日，青岛某机械有限公司（本案例简称机械公司）铸钢车间的 1 名工人在检修起重电磁铁供电电源时发生触电事故，导致 1 人死亡，直接经济损失约 80 万元。

（1）企业基本情况

机械公司成立于 2011 年 9 月 27 日，主要生产销售桥梁支撑产品，有员工 50 人。

公司共有铸钢、机加工、组装 3 个车间。发生事故的车间为铸钢车间，其生产工艺流程是将废旧钢铁放置在电熔炉内进行加热融化后，用钢包把钢水浇铸到模具内，制作桥梁支撑毛坯件，再经过机加工等工序后，制成了桥梁支撑件成品。

（2）事故经过和救援情况

机械公司铸钢车间白班有 8 名工人负责制作沙型模具，夜班 4 名工人负责向模具中浇铸钢水，制作毛坯工件。根据工艺安排，公司员工王某某负责操作行车及起重电磁铁将车间地面的废钢材吊放至离地面 1.3 米高的炉台上，大炉工纪某某再用铁锨将废钢材铲到电炉内进行加热融化，徐某某、李某某两人负责将融化的钢水浇铸到沙型模具中制作毛坯工件。

王某某操作的是一台 10 吨桥式起重机（在质检部门进行了检验登记），在起重机的吊钩上悬挂着一块由某机械制造有限公司制造的 1500 型电磁铁。电磁铁直径 1 米，额定电压 220 伏，额定电流 72 安，额定功率 156 千瓦，从电磁铁使用说明书可知，电磁铁的电源线在通有直流电的同时还加载了 220 伏工频交流电源，实际测定的电磁铁电压为 257 伏，与标称电源情况不符。电磁铁和吊钩之间的正极、负极电源线上有两个独立的子母插头，可以断开和连接电磁铁的电源。电磁铁有一套遥控操作系统，操作人员通过操作遥控器可实现电磁铁的吸放动作。

2015 年 7 月 31 日 23 时许，王某某、纪某某等 4 名夜班工人开始上岗工作，在王某某操作起重电磁铁准备吊运废钢材时，发现电磁铁不能正常工作，于是就把电磁铁放置在地面上检查电源线子母插头的连接情况，因起重电磁铁电源没有断开，王某某徒手断开电源线子母插头时手掌接触到子母插头的裸露部位，220伏的工频交流电通过其身体产生强大的对地电流，王某某触电倒地。

现场人员在电工周某某的组织下，立即对王某某进行人工呼吸和心肺复苏抢救措施，并拨打了“120”急救电话，“120”救护车到达现场后将其送往医院进行抢救，王某某于8月1日零时30分经抢救无效死亡。

（3）事故原因分析

1）直接原因

起重电磁铁发生故障时，王某某在没有断开电磁铁供电电源、没有穿戴绝缘手套等防护用品的情况下，盲目断开电磁铁电源线的字母插头进行检修，在其手掌触碰到子母插头裸露部位时发生触电事故。

2）间接原因

机械公司没有按照法律法规的要求对王某某进行全面的安全生产教育培训即安排其上岗工作；公司对生产作业现场的安全检查不到位，隐患排查不深入，在王某某出现违规检修起重电磁铁电源的不安全行为时，现场人员未能及时发现并制止，最终导致了事故的发生。

（4）事故教训和整改措施

经事故调查组认定，该事故是一起因人员违规操作，企业安全教育、安全检查不到位而导致的生产安全责任事故。事故企业要认真吸取事故教训，举一反三，警钟长鸣，严防类似事故的再次发生。

1）机械公司要严格按照安全生产法律法规的要求落实安全生产主体责任，强化对从业人员的安全教育培训工作，严禁未经培训或考核不合格的人员上岗操作。

2）机械公司要深刻吸取事故教训，建立完善公司的安全管理制度和操作规程，加强对生产作业现场的安全检查，排除事故隐患，夯实安全工作基础，以防类似事故的再次发生。

3）机械公司要加大安全检查力度，聘请专家对该企业的用电、用气等情况进行全面检查、整顿，排除事故隐患，夯实企业的安全生产工作基础。

（5）相关知识与管理借鉴

在这起事故中，起重电磁铁发生故障时，作业人员在没有断开电磁铁供电电源、没有穿戴绝缘手套等防护用品的情况下，盲目断开电磁铁电源线的子母插头进行检修，结果发生触电事故。

在人员管理上，可以学习借鉴某集团电务厂运行二车间注重现场安全管理和注重人员技术培训的做法，通过技术水平的提高，预防此类盲目作业导致的事故。

某集团电务厂运行二车间担负着集团中、东部地区6矿3厂和部分城市居民生活用电的供电任务，所辖110千伏变电站2座，35千伏变电站6座，装机总容量33.3万千瓦。近年来，运行二车间通过注重现场安全管理和注重人员技术培训的做法，努力提高员工素质，连续多年被评为先进单位。

运行二车间为了提升现场安全管理水平，杜绝各类事故，不断探索和创新了安全管理方法。首先，进一步推进安全文化建设。使“时时刻刻保安全，今天明天到永远”安全理念深入人心，引导员工做到自己安全自己管，自觉自主保安全；其次，完善系统描述和岗位描述，健全《管理方案》及各项管理制度，建立科学、规范、合理的考核监督体系，有效发挥安全管理对安全生产的保障作用。再次，认真查找工作中和管理中存在的不足，引导员工摒弃错误观念，聚精会神、全力以赴，为变电站安全运行奠定了坚实基础。

员工业务水平的高低直接影响着安全工作的质量，为了适应新设备、新技术发展的迫切需要，运行二车间把岗位培训工作提到了前所未有的高度。根据工作需要和员工业务现状，以适应岗位需要的实用化培训为出发点，本着“干什么，学什么”“缺什么，补什么”的原则，科学安排培训计划及内容，以设备运行维护、现场操作及事故判断处理等几个方面的内容为重点，加大培训考核力度，通过坚持不懈地有序开展培训工作，极大地提高了员工整体业务素质，逐步培养出了一批掌握综合技术、胜任本职工作的职工队伍。

四、爆炸爆燃事故

在机械制造企业，既有金属冷加工，也有金属热加工。金属冷加工通常指金属的切削加工，金属热加工一般指铸造、锻造、焊接和热处理等工作。在金属热加工中，需要大量使用各种设备，如铸造设备、锻压设备、热处理设备等，因而在金属热加工生产作业中容易发生爆炸爆燃事故。因此，企业一方面需要加强对设备的维护与检修，发现问题及时解决，严禁带“病”作业；另一方面需要对人员进行安全教育和技术培训，科学合理地组织生产，制定行之有效的安全操作规程，并督促作业人员贯彻执行。

35. 员工将中间包翻倒在存有积水的地面导致爆炸

2014 年 6 月 13 日 7 时 30 分左右，唐山某铸件厂（本案例简称铸件厂）铸造车间进行中间包清理作业时，发生一起爆炸事故，造成 1 人死亡，直接经济损失 70 万元。

（1）企业基本情况

铸件厂为个人独资企业，经营范围为铸钢件、铸铁件铸造、销售，有员工 30 名，其中安全管理人员 2 名。

2012 年 4 月，铸件厂与张某、刘某某维修队签订承包协议，由张某、刘某某维修队承庆铸件厂电炉衬、大包和中间包维修工程。

（2）事故经过和救援情况

2014 年 6 月 12 日 20 时左右，铸件厂铸造车间当班工人开始上班。作业前，铸造车间主任王某甲组织召开班前会，明确了当班安全注意事项。随后，各岗位人员按分工开始作业。

6 月 13 日 7 时左右，张某、刘某某维修队工人张某甲、王某乙到达铸造车间，开始清理铸造车间北侧 4 号电炉下的废渣。张某甲、王某乙使用铁锹将废渣清理至料斗后，准备用起重机吊运料斗将废渣倒入 4 号电炉旁的翻斗车内。此时起重机在铸造车间南侧 1 号电炉位置处（距离 4 号电炉约 70 米），张某甲便前往 1 号电炉位置，准备把起重机开过来。

7 时 20 分左右，张某甲到达 1 号电炉位置处。此时，铸件厂铸造车间班长邢某某在车间连铸机平台上（连铸机平台高约 7 米，在 1 号电炉南侧约 10 米处），正安排摇包工张某乙将需要维修的中间包吊运至地面。张某乙手持遥控器操作起重机吊运中间包，边操作起重机边由连铸机平台下到地面。7 时 25 分左右，张某乙将中间包吊运至铸造车间 1 号电炉旁地面，看见张某甲在 1 号电炉旁，便询问其中间包放在什么位置，张某甲告知张某乙将中间包放在原地即可。随后，张某甲从张某乙手里接过起重机遥控器，并让张某乙到连铸机平台取大锤，准备清理中间包。

7 时 30 分左右，张某甲手持遥控器操作起重机将中间包翻倒在地面上，中间包内残渣及残留铁水遇地面积水发生爆炸，导致张某甲受伤。

事故发生后，现场人员立即组织救援，并用铸件厂皮卡车将张某甲送往医院进行抢救。当日 10 时左右，张某甲经抢救无效死亡。

（3）事故原因分析

1）直接原因

张某甲违反安全规程，将中间包翻倒在存有积水的地面上，致使中间包内残留铁水遇地面积水发生爆炸，导致其死亡。

2）间接原因

①张某、刘某某维修队无任何相关资质私自承揽铸件厂电炉衬、大包和中间包维修工程。

②张某、刘某某维修队安全管理和教育培训不到位，作业人员未经培训取得特种设备作业人员资格证私自操作起重机，违章作业。

③铸件厂安全管理和教育培训不到位，未将张某、刘某某维修队纳入本企业安全管理体系，安全管理存在漏洞。未对张某、刘某某维修队工人进行专门的安全教育培训，导致作业人员安全知识匮乏，安全意识淡薄，对作业现场存在的危险因素认识不足，自我防范意识差。

④铸件厂对外委单位施工资质审核把关不严，将电炉、大包和中间包维修工程承包给无任何施工资质的维修队。

（4）事故教训和整改措施

这是一起因安全管理和教育培训不到位，作业人员无证上岗，违反安全规程而导致的生产安全责任事故。

1）铸件厂要严格执行有关安全管理规定，切实落实企业安全生产主体责任，举一反三，深刻吸取此次事故教训，在全厂开展一次安全生产大检查，全面排查和消除各类安全隐患，杜绝各类事故再次发生。

2）铸件厂要加强外委施工队伍管理，严格审核外委单位施工资质，要与有资质的施工单位签订有效的施工合同，并加强对其施工过程的安全监管。同时要严格审核施工人员的从业资质，严禁无证上岗。

3）铸件厂要认真开展安全教育培训，尤其要强化对外委施工人员安全教育培训，确保从业人员具备对本岗位各类安全隐患和风险的判断识别能力，从本质上提升从业人员的安全意识和技能。

（5）相关知识与管理借鉴

这起事故的发生，反映出铸造厂安全管理上的混乱，一是两个人私下商量，就将操作起重机吊运中间包的工作转手；二是生产车间不应该存有积水，结果中间包内残渣及残留铁水遇地面积水发生爆炸。故此，事故单位应吸取教训，加强人员管理、安全管理，同时还要加强对车间环境的治理，使作业环境满足安全要求。

铸造车间作业环境要满足安全要求，要注意以下几点：

1）工作场地布置要求。工作场地的布置应使人流和物流组织合理，留有足够的通道，并保证畅通，通道要平整、不打滑、无积水、无障碍物。

2）材料存放要求。铸造车间往往会存放相当多的材料，因此要配备装材料的专用料斗和废料斗，以保持工作场所整洁有序。各种材料的存放应符合安全要求，防止倒塌。

3）通风要求。室内工作区域应有良好的自然通风。在生产过程中产生对身体有害的烟气、蒸汽、其他气体或灰尘的地方，如果依靠空气的自然循环不能满足卫生要求，必须装设通风机、风扇或其他有足够通风能力的设备，并应注意对设备进行维护和保养。

4）照明要求。铸造车间照明应符合工业企业照明设计标准要求。但由于作业性质和场地条件所限，所使用的吊灯往往都高于桥式起重机，因此，铸造车间照明很难达到良好的水平，必要时可采用安全电压的局部照明。

 36. 稀释剂挥发与空气混合引发爆炸

2014 年 12 月 31 日 9 时 28 分许，在建设试生产期间的广东某工程机械制造有限公司（本案例简称工程机械公司）新厂车间三车轴装配车间发生重大爆炸事故，造成 18 人死亡、32 人受伤，直接经济损失 3 786 万元。

（1）企业基本情况

工程机械公司始建于 1997 年，下属 10 家制造工厂和 2 个集装箱港口，主要生产经营车轴、支腿、悬挂及鞍座等运输车辆零部件、金属制品等。

（2）事故经过和救援情况

2014 年 12 月 31 日，工程机械公司新厂车间三车轴装配车间停产。车间主任杜某某通知部分员工到车间进行盘点和检修改造设备，并安排使用稀释剂（易燃易爆物品，平时作为车间喷漆工序调漆用）清除车轴装配总线表面的油漆。

7 时 30 分起，87 名员工陆续上班开始工作，24 人在装配 A、B 线两侧使用稀释剂进行清洁作业；3 人在装配 A 线附近切割作业；5 人准备在装配 B 线附近焊接作业；其他人员分别在盘点、划地面标识线、维护检修改造设备等。

A 线使用稀释剂约 165 千克，B 线使用稀释剂约 150 千克，清洁过程中，稀释剂流入车轴总装线的地沟内，挥发后与空气混合，直至达到爆炸浓度。

9 时 28 分许，梁某某等人在装配 B 线 17 号钢柱对应的钢构设备支架上安装卷管器，使用电焊机进行焊接作业，电焊熔渣掉落至装配 B 线地沟内引发爆炸，随后装配 A 线地沟区域也发生爆炸。

爆炸事故发生后，事故车间严重损毁，爆炸部位面积约 1 298 平

方米，屋顶坍塌面积约600平方米。事故造成18人死亡、32人受伤。

（3）事故原因分析

1）直接原因

流入车轴装配总线地沟内的稀释剂挥发产生的可燃气体与空气混合形成爆炸性混合物，遇现场电焊作业产生的火花引发爆炸。

2）间接原因

①工程机械公司组织工人在未经安全验收的车间使用易燃易爆物品清洗生产设备和地面，并且未采取可靠的安全措施。公司在未办理审批手续、未清除动火现场易燃易爆物品前，在易燃易爆场所违规组织动火作业。

②工程机械未制定动火作业、易燃易爆物品使用等危险作业专门的安全管理制度。

③工程机械未在电焊作业场所、易燃易爆危险作业场所设置明显的安全警示和标识，未告知从业人员关于电焊作业、使用易燃易爆物品时存在的危险因素、防范措施及事故应急措施。

④工程机械安全生产、消防安全教育培训不到位。未落实从业人员三级安全教育、消防安全教育；主要负责人和安全生产管理人员不具备与本单位所从事的生产经营活动相应的防火等安全生产知识和管理能力；电焊作业人员未经专门培训考核合格依法持证上岗。

⑤公司未依法建立隐患排查治理制度，未依法组织安全检查和开展日常或专业性等隐患排查，未能及时发现并消除事故隐患。

（4）事故教训和整改措施

1）工程机械公司要设置安全生产管理机构，依法配备专兼职安全管理人员，明确安全生产工作职责；要建立健全以安全生产责任制为核心的各项规章制度和各岗位操作规程，并保证落实。

2）工程机械公司要严格落实节日、停产检修和复产验收安全制度，认真规范动火、用电、高处作业、吊装等特种作业安全条件和审批程序。要做好设备设施的清理处置和维护保养工作，全面检查或清空停产装置、设备设施及管道内的危险物料。

3）工程机械公司要建立并落实依靠专家查隐患、促整改工作制度，通过政府向有实力的中介组织购买服务等方式，加强对生产经营单位关键部位、危险作业场所等进行督查检查，督促其采取有效措施消除事故隐患，确保隐患排查治理工作取得实效。

4）工程机械公司加强安全教育培训工作，切实做到员工未培训合格不能生产经营。要全面落实持证上岗和先培训后上岗制度，实现“三项岗位”人员（主要负责人、安全生产管理人员和特种作业人员）100%持证上岗，以班组长、新员工为重点的企业从业人员100%培训合格后上岗。要强化实际操作和现场安全培训，加强特种作业人员管理，未经培训和取得特种作业操作资格证的，不得上岗作业，切实提高各类员工尤其是危险工序关键岗位员工的安全意识和操作技能。

（5）相关知识与管理借鉴

在这起事故中，工程机械公司安全管理不到位是一个重要因素，其中的原因，就是对爆炸事故缺乏警惕，也缺乏相应的知识，组织工人使用易燃易爆物品清洗生产设备和地面，并且未采取可靠的安全措施，同时还在易燃易爆场所进行焊接作业。

爆炸事故通常有以下特点：

1）爆炸事故的突发性。爆炸事故发生的时间和地点常常难以预料，隐患在未爆发之前，人们容易麻痹大意，一旦发生爆炸又措手不及。所以必须警钟长鸣，不能存有侥幸心理。

2）爆炸事故的复杂性。爆炸事故的成因、影响范围及其后果往往是大不相同的，因此有关人员要加强学习，掌握防爆知识，并建立和完善防爆安全技术措施和管理制度，消除事故隐患。

3）爆炸事故的严重性。爆炸事故对受灾单位的破坏往往是毁灭性的，会造成人员和财产等诸方面的重大损失。

根据爆炸事故发生的特点，防爆工作的重点在爆炸条件成熟之前，可采取的措施包括：加强通风以降低形成爆炸性混合物的可能性，降低爆炸场所的危险等级；合理配备防爆设备；加强检测、检验，及时发出警报等。

除此之外，各类易燃易爆物品使用单位的建筑和场所必须符合《建筑设计防火规范》（GB 50016—2014）等有关规定，电气设备必须符合防爆标准，生产设备与装置必须设置消防安全设施并定期保养，易产生静电的生产设备与装置必须设置静电导除设施并定期检查，从业人员必须经培训合格后上岗。

要根据易燃易爆物品的种类、危险特性以及使用量和使用方式，严格控制和消除可燃物、着火源，落实预防措施，保证易燃易爆物品储存、使用安全。要加强动火作业的现场监护，落实动火作业各责任人的职责和防火防爆措施，严禁在易燃易爆环境下违规动火作业。

37. 维修作业火花引爆舱室内混合气体

2016 年 7 月 24 日 5 时 40 分左右，靖江某船舶修理有限公司（本案例简称船舶修理公司）在油船维修作业时，发生油气爆炸事故，造成 3 人死亡、1 人受伤，直接经济损失 180 万元。

（1）企业基本情况

船舶修理公司主要经营船舶制造、销售、修理、拆解等业务，姜某某负责公司全面工作。

（2）事故经过和救援情况

2016年7月中旬，童某某委托姜某某对编号为068及编号为066的油船进行喷砂、涂漆、维修，双方口头订立维修合同。7月18日0时左右，童某某派人将2艘油船开抵船舶修理公司前沿江边水域。7月18日至20日，船舶修理公司对2艘油船进行了3次注水，稀释可燃气体浓度，然后将2艘油船拖上船台。

7月22日至23日，船舶修理公司对2艘油船表面进行喷砂和涂漆。7月24日上午5时左右，姜某某安排周某某等4名工人对编号为068船舶6个舱室的甲板开人孔作业，并封闭原来甲板上的人孔。

姜某某在开人孔前，对舱室油气浓度进行检测，检测仪发出浓度超标报警。姜某某接到报告后，安排周某某、刘某和章某某用潜水泵抽江水向舱室里注水。5时40分左右，注水开始，此时，油船突然发生爆炸，造成3人死亡，1人受伤。

（3）事故原因分析

1）直接原因

事发当日气温较高，舱室内油气挥发快且达到爆炸浓度极限，当潜水泵水带出水时，绑扎在水带出水端的金属丝与铁悬梯相互摩擦和撞击产生火花，引爆舱室内爆炸性混合气体。

2）间接原因

①油船维修前未经有关部门检测。编号为068的油船在交付船舶修理公司维修前，未经船舶检验部门或其认可的机构进行检测。

②船舶修理公司未建立有效的安全生产管理体系，主体责任未得到落实，违章组织作业。船舶修理公司事发当日曾安排了动火作业，但动火作业前未按照相关规定要求，办理动火作业手续；姜某某在未取得易燃易爆和有毒有害气体检测作业操作资格证书的情况下，进行

油气浓度检测；在气体检测、舱室注水过程中，无专人在作业现场监护。

③船舶修理公司安全管理缺失。公司未按照相关规定要求设置负责日常安全生产工作的专门管理部门，配备专职安全管理人员，持续改进安全生产管理工作。

（4）事故教训和整改措施

船舶修理公司虽然建立了一套安全生产规章制度及操作规程，但是全厂只有 2 名管理人员，建立的安全生产规章制度、操作规程没有能得到严格执行和有效落实。

1）企业应认真吸取此次事故教训，严格遵守国家法律法规的规定，落实安全生产主体责任；应建立健全安全生产责任制、规章制度和操作规程，并加强责任、制度落实情况的检查。

2）应加强对从业人员的安全教育培训，增强员工自我保护意识和安全操作技能；应强化特殊作业管理，严格审批程序，落实安全措施和现场监护；应切实开展安全生产标准化工作，提高安全管理水平；应强化隐患排查治理工作，认真查找并整改事故隐患，确保安全生产。

（5）相关知识与管理借鉴

爆炸是一种极为迅速的物理或化学的能量释放过程，而爆炸做功的根本原因在于系统爆炸的瞬间形成的高温高压气体或蒸气的骤然膨胀。爆炸的一个主要特征是爆炸点周围介质发生急剧的压力突变，而这种压力突跃变化是产生爆炸破坏作用的直接原因。

在这起事故中，爆炸的原因是由于事发当日气温较高，舱室内油气挥发快且达到爆炸浓度极限，绑扎在水带出水端的金属丝与铁悬梯相互摩擦和撞击产生火花，引爆舱室内爆炸性混合气体。

预防此类事故，要按照规定要求，注意以下事项：

1）在燃油、润滑油舱（柜）、机舱，油船供油舱、泵舱、隔离舱、压载舱等处所进行明火作业，必须封闭与其相连通且无法拆卸的管系、阀门，按照可燃气体检验要求，清除舱内油、气，并经过可燃气体检验合格。

2）液化气船、散装液态化学品船和油轮的明火作业，还应遵守国家其他有关的特别规定。

3）检验合格的舱室或处所，明火作业必须在 4 小时内开工，否则应重新检验认可。作业前和作业后，应有专人对施工区域及受影响处所随时复测可燃气体浓度。

4）船舶明火作业时，必须有安全员专门负责监督护，不得擅自扩大明火作业范围和超过作业时限。明火作业完毕，作业人员要彻底清理现场。在确认无残留火种情况下，安全员方可撤离。

5）对危险性大的明火作业，作业单位申请消防车、消防船舶实施现场监护。油轮、液化气体船专用码头禁止船舶明火作业。

38. 违章动火引爆压载舱内混合气体发生爆炸

2012 年 6 月 7 日 13 时 50 分左右，泰州某造船厂（本案例简称造船厂）在货船建造过程中，因工人违章动火导致船体压载舱发生爆炸事故，造成 3 人死亡、1 人受伤，直接经济损失约 260 万元。

（1）企业基本情况

造船厂经营项目为钢质船修造、冷作加工。该厂具有制造长度为 80 米以下内河船舶的资质，主要是来料加工，冷作、电焊、油漆等均实行劳务外包。

事故船由李某甲和李某乙共同投资建造。2011 年 9 月 26 日，李某甲与造船厂签订合同，委托造船厂建造一艘货船。合同约定：造船厂负责来料加工，船东提供货船的设计图纸及钢板、油漆、动力设备等；在货船加工建造过程中，造船厂对货船建造作业的安全负责，李某乙和李某丙等人作为船东代表常驻金润船厂，负责建造材料的供应，并对质量、进度等情况进行管理，对自身的安全行为负责。

2011 年 11 月 25 日，造船厂与一个冷作队签订船舶外包加工合同，将货船的冷作装配作业分包给冷作队，合同约定：冷作队要遵守安全操作规程，聘用符合条件的施工人员等。至事故发生时，该船已经基本建造成型，处于局部改造和内部装修阶段。

（2）事故经过和救援情况

2012 年 6 月 7 日上午上班后，冷作队负责人魏某某安排张某某、花某某 2 人在事故船上开凿船头锚洞、对船体部分铁质边料进行切割、修整。上午 7 点左右，造船厂雇用的油漆工肖某某、洪某某 2 人准备对船尾的压载舱进行内壁喷漆，作业前，2 人发现张某某、花某某正准备在压载舱上方的艉甲板上对铁质边料进行切割，便向在现场巡查的徐某某报告。徐某某当场制止了张某某、花某某的切割作业，并安排潘某某进行现场监护。在潘某某的监护下，张某某、花某某在船头开凿锚洞，肖某某和洪某某于上午 11 点左右完成了压载舱的喷漆作业。

下午 1 点 10 分左右，李某乙、李某丙、张某某、花某某 4 人同时在船尾压载舱上方的艉甲板上，张某某、花某某 2 人在动火作业；1 点 50 分左右，事故船船尾的压载舱突然发生爆炸。爆炸冲击波将艉外板撕裂，艉甲板连同生活舱后壁板上拱，冲击波扩散至生活舱内，导致已装潢好的生活舱内木质隔断及玻璃窗震碎，水密门严重变形。

事故发生后，泰州市迅速组织相关部门开展救援工作。此次事故共造成 3 人死亡，1 人受伤。

（3）事故原因分析

1）直接原因

用于船喷涂的涂料是用油漆、稀释剂和固化剂混合调剂而成，以上物质均属于易燃易爆的危险化学品，喷涂后会挥发出爆炸性混合气体。冷作工张某某、花某某在压载舱内存在爆炸性混合气体，且未进行检测的情况下，在压载舱上方的艉甲板上违章动火作业，导致爆炸。

2）间接原因

①造船厂规章制度不健全；未指定专职安全管理人员对交叉作业进行安全检查与协调；在压载舱进行过油漆作业后，既未及时采取通风、换气措施清除压载舱内易燃、易爆气体，也未在周边设置严禁动火的警示标识；现场安全检查不到位，未能及时发现并制止冷作工在危险区域内违章动火作业。

②冷作队对员工疏于管理，安全教育不到位，未能督促员工严格遵守造船厂规章制度和操作规程；现场安全检查不到位，未能及时发现并制止冷作工在危险区域内违章动火作业。

（4）事故教训和整改措施

1）造船厂应从此次事故中深刻吸取教训，要建立健全本单位安全生产责任制、规章制度、操作规程；要健全本单位安全生产管理网络，根据现场生产能力配足安全管理人员，且配备的安全管理人员必须熟知本行业的专业知识，具备相应的管理能力。

2）造船厂要加强安全生产培训教育，提高从业人员的操作技能，强化安全意识；要加强交叉作业管理，严格按照安全生产法的规定，签订安全生产管理协议，明确各自的安全生产管理职责和应当采取的安全措施，并指定专职安全生产管理人员进行安全检查与协调。

3）要加大现场安全检查力度，强化安全生产隐患排查治理工作，确保生产安全。

（5）相关知识与管理借鉴

这起事故的发生，与两个因素有关，一个是动火作业前没有进行环境检测，既没有这样的制度，又没有这样的习惯；另一个是作业人员盲目动火作业，没有注意到动火场所或者临近场所的情况，也没有注意通风换气。两个因素叠加在一起，事故就难以避免。

可燃气体是可燃物质的一个状态，能够与空气（或氧气）在一定的浓度范围内均匀混合形成预混气，遇到火源会发生燃烧、爆炸，并释放出大量能量。

可燃气体在化工企业生产过程中经常遇到，因而化工企业最重视对可燃气体以及有毒有害气体的监测、检测，并且制定相关管理制度，严格落实技术措施，预防爆炸、火灾事故的发生。此外，化工企业也最注意对开展从业人员安全培训，使从业人员掌握安全生产基本常识及本岗位操作要点、操作规程、危险因素和控制措施，掌握异常工况识别判定、应急处置、避险避灾、自救互救等技能与方法，熟练使用个体防护用品。通过安全教育和培训，使从业人员不断强化安全意识，充分认识化工安全生产的特殊性和极端重要性，自觉遵守企业安全管理规定和操作规程。这些是船舶制造、维修企业需要借鉴学习的。

39. 电机绕组高温引燃粉尘发生爆炸

2016 年 4 月 29 日 16 时 05 分许，深圳某五金加工厂（本案例简称五金加工厂）发生爆炸事故，造成 5 人死亡、5 人受伤。

（1）企业基本情况

五金加工厂于 2013 年 8 月办理营业执照，经营者（个体工商户）为王某，实际经营场所为一处铁皮房，经营范围为五金加工。2005 年左右，王某开始租赁厂房承接五金件抛光打磨业务，2008 年 11 月，搬迁至现址。

2008 年 11 月，王某单独承租该铁皮房后，根据抛光打磨工艺布局的需要，增加了砖槽除尘风道、排风管道、抛光打磨机、砂轮打磨机等设备设施。

事故发生时，五金加工厂有员工 12 人，依次在厂房内北面由东向西布置 1 至 3 号砂带机、西面由北向南布置 4 至 10 号砂带机工位进行金属管材抛光作业。

（2）事故经过和救援情况

2016 年 4 月 29 日下午，五金加工厂的 12 名员工用 10 台砂带机上进行金属管材抛光作业，抛光作业产生的粉尘未经除尘器处理，直接经由 10 台非粉尘防爆型轴流风机吸尘吹入矩形砖槽风道，在风道内形成粉尘云，再由气流正压吹送至室外的沉淀池。

事故发生时，由于 2 号轴流风机的轴承室内部积有铝粉尘，产生异常摩擦阻力，导致轴流风机出现持续滞转，电机绕组温度不断升高，引燃了铝粉尘，铝粉尘火花被吹入矩形砖槽除尘风道，引燃了矩形砖槽除尘风道内的粉尘云，发生铝粉尘初始爆炸及二次爆炸。

向厂房顶部传播扩散的冲击波，造成厂房顶部的破坏，部分冲击波被厂房顶部反射向下导致吊顶风扇叶片折弯并致使 1~7 号机位工人受到不同程度的烧伤。

沿矩形砖槽方向传播扩散的冲击波，导致 3 号机位置附近的墙体炸裂产生裂缝，矩形砖槽木质顶板部分脱落。

从矩形砖槽风道各轴流风机吸尘口向车间内传播扩散的冲击波，直接导致 2~3 号机位工人瞬间倒地并烧伤。

8~10 号工位的工人受冲击波影响较小，自行逃离。

事故发生后，市区相关部门启动了应急预案，迅速成立现场指挥部，统一指挥现场救援、人员疏散、交通疏导、外围警戒、伤员救治等工作。由于现场被困人员多，消防大队现场指挥员果断下令救人与灭火同时进行的战术，迅速组织两个内攻搜救小组进行内部搜救，及时将被困的人员抢救出来。经消防部门全力扑救，现场明火于 16 时 40 分许被扑灭。

（3）事故原因分析

1）直接原因

事故车间未按标准规范设置除尘系统，未经除尘器处理的铝粉尘直接采用非粉尘防爆型电机的轴流风机，将铝粉尘吸尘吹入矩形砖槽除尘风道，在矩形砖槽除尘风道内形成粉尘云，轴流风机电机绕组高温引燃的铝粉尘火花被吹入矩形砖槽除尘风道，因而形成了粉尘爆炸的危险环境，具备了粉尘爆炸的所有要素，引发爆炸。

2）间接原因

五金加工厂安全生产主体责任不落实，安全管理不到位，违法违规组织生产，对事故发生负有主要责任。

①生产车间不具备安全生产条件。发生事故的铁皮房为违法建筑，未经建设工程竣工验收、消防验收，未申请环境保护竣工验收，未履行建设项目安全设施验收程序，不满足相关规定的要求。

②生产车间未按标准规范设计、安装、使用和维护通风除尘系统，未按相关规定要求安装、使用防爆电气设备，未按规定配备防静电工装等劳动防护用品。

③主要负责人和管理人员不具备与本单位所从事的生产经营活动相应安全生产知识和管理能力；未建立安全生产责任体系，未健全落实安全管理规章制度。

④未依法设置安全生产管理机构或配备专职安全生产管理人员；未落实从业人员三级安全教育、未对粉尘爆炸危险岗位的员工应进行专门的安全技术和业务培训，造成员工对铝粉尘存在爆炸危险没有认知。

⑤未依法建立隐患排查治理制度，未依法组织安全检查和开展日常或专项隐患排查，无隐患排查治理台账，对铝粉尘爆炸危险未进行辨识，缺乏预防措施；对有关部门检查发现的安全隐患未有效整改，导致安全隐患长期存在。

⑥未按照标准要求建立定期清扫粉尘制度，未及时清扫除尘风道内的积尘。

（4）事故教训和整改措施

经调查认定，该事故是一起生产经营单位违反安全生产规定，在不具备安全生产条件的情况下组织生产造成的生产安全责任事故。事故企业要落实以下安全措施，预防事故的再次发生：

1）切实落实生产经营单位安全生产主体责任。企业必须坚决贯彻执行《安全生产法》，认真开展隐患排查治理和自查自改，要按标准规范设计、安装、维护和使用通风除尘系统，必须定时清理粉尘；使用防爆电气设备，落实防静电等技术措施；配备铝镁等金属粉尘生产、收集、储存防水防潮设施；加强对粉尘爆炸危险性的辨识工作和对员工进行粉尘防爆等安全知识的教育培训；建立健全粉尘防爆规章制度，严格执行安全操作规程和劳动防护制度。

2）加强粉尘爆炸安全宣传培训。要加强粉尘防爆知识的业务培训，使作业人员全面掌握粉尘防爆基本知识、安全检查的重点内容和检查方法。粉尘涉爆企业要认真组织开展涉粉尘从业人员全员培训，学习掌握本单位粉尘危害特性及粉尘防爆标准规范和操作规程，提高从业人员对粉尘涉爆作业危险性的认识和安全防范意识。

（5）相关知识与管理借鉴

事故之后，调查组对引发事故的粉尘爆炸各要素进行了认真细致的分析。粉尘爆炸的要素包括：可燃粉尘、粉尘云、点火源、助燃物、相对密闭的空间。

1）可燃性粉尘。事故车间打磨的铝制品主要成分为铝。

2）粉尘云。事故车间的10台砂带机打磨铝制品产生的铝粉尘，经由1号~10号轴流风机吸尘吹入矩形砖槽除尘风道，铝粉尘在矩形砖槽除尘风道内形成粉尘气流及粉尘云。

3）点火源。2号轴流风机电机绕组高温引燃积尘形成点火源。

4）助燃物。轴流风机将大量空气吹入矩形砖槽除尘风道内，支持了爆炸的发生。

5）相对密闭的空间。矩形砖槽除尘风道的内部是有限空间，为爆炸的发生提供了条件。

预防企业粉尘爆炸，要做好这样几项工作：

1）必须确保作业场所符合标准规范要求，作业场所严禁设置在违规多层房、安全间距不达标厂房和居民区内。

2）必须按标准规范设计、安装、使用和维护通风除尘系统，每班按规定检测和清理粉尘，在除尘系统停运期间和粉尘超标时严禁作业，并停产撤人。

3）必须按规范使用防爆电气设备，落实防雷、防静电等措施，保证设备设施接地，严禁作业场所存在各类明火和违规使用作业工具。

4）必须配备铝镁等金属粉尘生产、收集、储存的防水防潮设施，预防粉尘遇湿自燃。

5）必须严格执行安全操作规程和劳动防护制度，严禁员工培训不合格和不按规定佩戴使用防尘、防静电等劳动防护用品上岗。

 40. 未检测进行焊接引爆爆炸性混合气体

2016 年 1 月 13 日 12 时 20 分左右，上海某成套机械设备有限公司（本案例简称成套机械设备公司），发生一起爆炸事故，造成 4 人死亡、2 人受伤。

（1）企业基本情况

成套机械设备公司经营范围包括普通机械设备设计、制造及修理；金属机械加工；金属结构件制造等。

2015 年 5 月 12 日，公司甲与成套机械设备公司签订订购通知，约定由成套机械设备公司对公司甲的 3 个阴极辊进行维修。8 月 31 日，成套机械设备公司将维修后的阴极辊送回公司甲。2015 年 12 月 31 日，公司甲告知成套机械设备公司，前次检修的 NY31 阴极辊再次渗漏，公司甲决定对该辊进行返修。

正常工况下，阴极辊内部为密闭空间，外部电解液不会进入阴极辊内部。但由于制造工艺水平、材质纯度、外部和内部应力、使用工况等原因，在生产中可能会发生阴极辊筒体产生局部腐蚀等缺陷，这种局部缺陷在电化学过程中可能进一步聚积形成裂纹，导致电解液渗入阴极辊内部。

（2）事故经过和救援情况

2016 年 1 月 13 日 9 时左右，成套机械设备公司制造部经理洪某某指派钳工班组长薛某某，在水槽用水对 NY31 阴极辊进行检漏。11 时 50 分左右，薛某某完成检漏后，将阴极辊吊至装配位置。12 时左右，薛某某指挥电焊工李某某使用氩弧焊封闭检修孔。

12 时 20 分左右，李某某在焊接过程中阴极辊发生爆炸，导致阴极辊的 2 块侧板及钢制支架主动轴支撑件被炸飞，并将地面上的木质托盘掀起，薛某某等 3 名钳工被压在木质托盘和侧板下。事故造成 4

人死亡，2 人受伤。

事故发生后，现场人员立即开展救援工作，将压在 3 名钳工身上的木质托盘及 2 块阴极辊侧板移开，并将伤者送往医院救治。

（3）事故原因分析

1）直接原因

电解高纯铜箔生产中渗入阴极辊内部的电解液（主要成分为稀硫酸-硫酸铜溶液），与阴极辊最内层的碳钢发生化学反应，产生氢气，形成爆炸混合气体，遇明火发生爆炸。

2）间接原因

①成套机械设备公司在此前发生过一起爆炸事故，但未吸取教训，在对仍残留有酸性物质的阴极辊进行返修过程中，未明确测氢要求及制定操作规范。

②成套机械设备公司实际采用的阴极辊维修方案不合理：所采取的称重方法无法发现内部是否渗入积液；违规采取用压缩空气进行置换，置换方法无法对事故阴极辊内部积存的氢气进行彻底置换。

③成套机械设备公司动火审批制度流于形式，长期未落实动火审批规定。

（4）事故教训和整改措施

1）举一反三，深刻吸取事故教训。相关企业要吸取本起事故的教训，充分认识事故暴露出的问题，认真排查本企业在安全管理、工艺流程等方面存在的风险隐患。从本质安全的角度，全面落实制造及维修工艺过程管理，避免类似事故再次发生。

2）依法依规，切实履行主体责任。生产经营单位应依法履行安全生产主体责任。要建立、健全安全管理体系，完善安全生产规章制度和操作规程，特别是涉及危险性较高的危险化学品（生产、储存、使用、运输、废弃物处置等）、有限空间、动火及高处作业等，当生产经营发生变化时，要结合企业的实际情况，组织开展危险源辨识和风险评估，制定有针对性的方案和应急预案，消除事故隐患，确保安全生产。

（5）相关知识与管理借鉴

在这起事故中，涉及动火作业。动火作业是指在厂区内进行焊接、切割、加热、打磨以及在易燃易爆场所使用电钻、砂轮等可能产生火焰、火星、火花和赤热表面的临时性作业。企业需要动火作业时，要采取积极有效的措施，使之风险降至最低，减少和避免火灾爆炸事故的发生。

在进行动火作业时，要注意以下事项：

1）动火作业必须符合国家有关法律法规及标准要求，遵守相关的安全生产管理制度和操作规程；焊割作业人员必须具有特种作业人员操作证。

2）动火作业前，操作者必须对现场安全进行确认，明确高温熔渣、火星及其他火种可能或潜在喷溅的区域，作业区域周围 10 米范围内严禁存在任何可燃品（化学品、纸箱、塑料、木头及其他可燃物等），确保动火区域保持整洁，无易燃可燃品。

3）对确实无条件移走的可燃品、动火时可能影响或损害无条件移走的设备、工具时，操作者必须用严密的铁板、石棉瓦、防火屏风等将动火区域与外部区域、火种与需保护的设备进行有效的隔离、隔绝，现场备好灭火器材和水源，必要时可不定期将现场洒水浸湿。

4）高处动火作业前，操作者必须辨识火种可能或潜在落下区域，明确周围环境是否放置可燃易燃品，按规定确认、清理现场，以防火种溅落引起火灾爆炸事故；室外进行高处动火作业时，5 级以上大风应停止作业。

5）凡盛装过油品、油漆稀料、可燃气体、其他可燃介质、有毒介质等化学品及带压、高温的容器、设备、管道，严禁盲目动火，凡是可动火可不动火的一律不动火，凡能拆下来的一定拆下来移到安全地方动火；特殊情况下必须动火时，要保证容器、设备、管道处于常温、常压状态，通过切断、加装符合要求的盲板等措施保证动火设备或管道与生产系统的物料彻底隔离，动火前必须检查分析容器、设备、管道中的化学品性质及周围环境，利用空气、不活泼气体（氮气、氩气等）、水蒸气、水等经过充分的吹扫、清洗、置换后，经反复确认无危险隐患后，方可动火。

6）使用气焊、气割动火作业时，氧气瓶与乙炔、丙烷气瓶间距不小于 5 米，二者与动火作业点须保持不少于 10 米的安全距离，气瓶严禁在阳光下暴晒，氧气瓶口及减压阀、阀门处不得沾染油脂、油污，乙炔瓶严禁横躺卧放；运输、储存、使用气瓶时，严禁碰撞、敲击、剧烈滚动，且气瓶要放置牢固，防止气瓶倾倒。

7）动火作业前应检查电焊机、气瓶（减压阀、胶管、割炬等）、砂轮、修整工具、电缆线、切割机等器具，确保其在完好状态下，电线无破损、漏电、卡压、乱拽等不安全因素；电焊机的地线应直接搭接在焊件上，不可乱搭乱接，以防接触不良、发热、打火引发火灾或漏电致人伤亡。

8）动火作业结束后，操作人员必须对周围现场进行安全确认，整理整顿现场，在确认无任何火源隐患的情况下，方可离开现场。

41. 擅自改变生产工艺引发爆燃

2015 年 10 月 9 日 13 时 44 分 59 秒，广州某汽车用品有限公司（本案简称汽车用品公司）生产车间发生了一起爆燃事故，未造成人员伤亡，过火面积达 600 平方米，直接经济损失约 675 万元。

（1）企业基本情况

汽车用品公司于 2011 年 1 月 5 日成立，公司下设生产工厂，生产汽车美容用品，包括气雾罐美容蜡、气雾罐汽车清洗剂等。

（2）事故经过和救援情况

2015 年 10 月 9 日，按照工厂的安排，配料部组织了轮毂改色膜的调配。当天上午，配料部主管王某甲组织工人按照先加甲苯、再放丙烯酸树脂的工艺进行了调配，没有发生异常情况。

当日 13 时 30 分许，配料部主管王某甲和生产工人王某乙、王某丙 3 人在生产车间继续调配轮毂改色膜。工人王某乙、王某丙听从王某甲的指挥，先将丙烯酸树脂放到料缸（锅形容器）里，共放了 81 千克，然后往料缸里加入甲苯，原计划加 340 千克。在加入甲苯 2 至 3 分钟后（约 100 千克），王某丙看到料缸里甲苯与料缸内丙烯酸树脂晶体冲击接触的地方发生爆燃起火。王某丙、王某甲立即到车间门口拿灭火器向着火料缸喷射灭火，其他车间工友也拿灭火器过来帮忙，但因火势迅速蔓延扩大，生产车间 40 多人灭火救援无效后撤离现场并报警。

事故初期，现场的工人拨打了“119”报警电话，13 时 50 分左右，消防部门先后调派 18 个消防中队、41 辆消防车，190 余名消防员赶赴现场救援。由于起火地点偏僻，水源缺乏，消防员用消防车运水供水、接力供水等方式保证前方水源，架设高喷车、移动水炮、水枪夹击火势，阻止火势向周边蔓延。该工厂存放了大量泡沫清洗剂，不时有爆炸声传出。部分结构钢架厂房有坍塌危险，阻碍了救援行动的开展。经过消防员奋力救援，火灾并未向周边蔓延，晚上 20 时火势得到控制，经各部门共同努力，防止了污染和次生灾害的发生。

（3）事故原因分析

1）直接原因

配料部主管王某甲违章指挥、冒险作业。事故发生前，王某甲在组织工人调配轮毂改色膜时，擅自改变了生产工艺，导致在向已加入丙烯酸树脂晶体的料缸内投料甲苯时，产生的静电火花引发甲苯蒸气与空气的混合性可燃气体爆燃起火。

2）间接原因

汽车用品公司没有严格履行安全管理主体责任。该公司对轮毂改色膜的生产安全管理不严，事故隐患排查治理工作不到位，没有及时发现并消除事故隐患。

（4）事故教训和整改措施

经调查认定，该事故是一起一般爆燃起火责任事故，事故单位应落实以下整改措施：

1）吸取事故教训，加强对管理人员和作业人员的安全意识教育，开展以“反违章、防事故”为主题的大讨论活动。同时加大违章行为考核及处罚力度，让违章者下岗学习。要进一步纠正员工不规范行为，杜绝违章作业现象。

2）加大制度落实的检查力度，提高制度的执行力。对安全意识淡薄、违章作业、冒险蛮干、违章指挥等行为，要按照“四不放过”的原则，认真分析、严格处理，考核与教育并重，延伸考核效应，坚决杜绝各种违章行为。

3）对作业现场的危险源重新进行辨识，对安全风险进行全面评价，以人为本，提高对各类安全隐患和风险的判断识别能力。

（5）相关知识与管理借鉴

爆燃是指爆炸物质迅速燃烧的现象，其反应区向未反应物质中推进速度小于未反应物质中的声速。简单讲，以亚音速传播的爆炸称为爆燃。爆燃的产生必须要有 3 个条件。一是有燃料和助燃空气的积存；二是燃料和空气混合物达到了爆燃的浓度；三是有足够的点火能源。爆燃由于发生在瞬间，加上火焰传播速度非常快，达每秒数百米至数千米，火焰以球状向四方传播，在百分之几至十分之几秒内燃尽，这就等于燃料同时被点燃，烟气体积突然增大，这样造成的烟气阻力也非常大，因而来不及泄出而发生爆炸。

对于机械制造企业来讲，预防爆燃以及引发的火灾事故，要在全面摸排危险化学品安全风险的基础上，对重要装置、重点部位强化危险与可操作性分析，及时发现装置、设施存在的系统性风险，制定有效的应对措施，保证安全运行。要进一步突出重点，深入排查涉及易燃易爆有毒有害的危险化学品生产装置和储存设施的安全风险，凡是风险管控措施不完善、不到位的，要立即组织整改，整改仍然达不到要求的，要坚决停用。

42. 设备罐可燃气体累积发生爆燃

2010 年 3 月 25 日 15 时 47 分，北京某水处理设备有限公司（本案例简称水处理设备公司）衬胶车间一铁罐在粉刷防锈涂料过程中发生爆燃，造成罐内的作业人员 1 人死亡，4 人受伤。

（1）企业基本情况

水处理设备公司于 2006 年 5 月 11 日注册成立，主要生产、销售机械设备、污水处理成套设备。

该公司有两个工作车间，东侧为铁罐车间，面积约 1 000 平方米，西侧是衬胶车间，面积约 300 平方米，两车间中间隔断材料为彩钢板，隔断中间是彩钢板制大门，南侧门扇底部有一供员工出入的小门。

（2）事故经过和救援情况

2010年3月25日15时10分左右，喷砂工王某某进入位于衬胶车间中部的水处理设备罐内，对其内壁进行涂刷胶浆作业，所用的照明工具为普通的行灯。女衬胶工马某某、王某、潘某某、南某某、曾某某、邵某某等人在衬胶车间南侧工作台边背对铁罐，进行下料工作（在胶片上刷胶浆），为下一步在铁罐内壁粘贴胶片工作做准备，喷砂工叶某某坐在同一工作台上面朝铁罐休息，所有现场人员均未穿着防静电工作服。

工作到15时47分，王某某在罐里喊了一声“为什么灯突然灭了？”叶某某听见声音，刚要走到铁罐人孔处观看情况，此时铁罐内发生爆燃，并引燃了附近的易燃物，喷射出的火焰将叶某某等4人烧伤，同时造成马某某小腿骨折，其余人员迅速逃离了现场。

两分钟后，现场人员将受伤人员陆续救出，被赶到现场的“120”救护车送往医院进行治疗。事故发生几分钟后，有救援人员赶到事故现场，控制火情并展开救援，其间，衬胶车间又发生了二次爆炸，16时30分许，消防队员灭火后在南侧工作台下发现了王某某，其右脚已经从身体分离，王某某被抬出后经现场医疗部门鉴定已死亡。事故造成1人死亡，4人受伤。

（3）事故原因分析

1）直接原因

①衬胶车间水处理设备罐内部的可燃气体聚积，浓度达到爆炸极限，遭遇明火（电气火花或静电）产生爆炸，是此起事故的直接原因。

②水处理设备罐内部没有良好的通风设施，造成可燃气体的聚积，浓度达到爆炸极限。

③罐内刷胶浆作业时使用的行灯未满足爆炸危险场所的防爆要求

（低压、防爆），在作业过程中极易产生电气火花（行灯电灯泡破损或铁制外罩与铁罐壁接触易产生火花）。

④王某某未穿戴符合国家标准或行业标准的防静电服，在作业过程中极易产生静电火花。

2）间接原因

①该公司负责人及员工安全生产素质低，缺乏基本的安全生产知识，未能识别作业中存在的危险因素。

②该公司在衬胶车间储存大量易燃、易爆品，未能与生产场所隔离，造成爆炸事故的扩大。

③该公司衬胶车间使用的电气设备不符合防爆要求。

④该公司未向衬胶车间的员工提供符合国家标准或行业标准的劳动防护用品。

⑤该公司未对危险性较大的衬胶车间的员工进行有针对性的安全生产教育培训。

⑥该公司未针对衬胶车间的加工工艺的实际情况制定有针对性的安全操作规程。未在有较大危险因素的生产经营场所、设施上悬挂明显的安全警示标识。

（4）事故教训和整改措施

这是一起由于作业场所安全设施、设备不符合安全要求，作业人员安全意识淡薄而导致的生产安全事故。应从事故中吸取的教训：

1）生产经营单位应加强安全生产管理，根据工艺特性制定有针对性的安全操作规程，应对危险性较大的作业场所的作业工人进行有针对性的安全教育。

2）存在可燃气体的封闭作业场所应有良好的通风设施。有爆炸危险的场所所使用的电气设备应满足爆炸危险场所的防爆要求。

3）作业人员在易燃易爆危险场所应穿戴符合国家标准或行业标

准的防静电服。

4）在有较大危险因素的生产经营场所、设施上应悬挂明显的安全警示标识。

（5）相关知识与管理借鉴

这起爆燃事故的发生，涉及三个因素，一是水处理设备罐内部没有良好的通风设施，造成可燃气体的聚积，浓度达到爆炸极限。二是罐内刷胶浆作业时使用的行灯未满足爆炸危险场所的防爆要求（低压、防爆）。三是作业人员未穿戴符合国家标准或行业标准的防静电服，在作业过程中极易产生静电火花。

水处理设备罐是一个有限空间，在有限空间作业要注意以下事项：

1）作业前按要求正确填写作业申请表，进行有限空间作业前，应了解有限空间内的危害因素，并准备相应的安全防护用品，落实安全防护措施。

2）作业开始前对有限空间进出口进行清理，保证人员顺利进出，有限空间与其他系统连通的、可能危及安全作业的管道应采取有效的隔离措施。

3）管道安全隔绝可采用插入盲板或拆除一段管道进行，不能用水封或关闭阀门等代替盲板或拆除管道的措施。

4）与有限空间相连通的可能危及安全作业的孔、洞应进行严密的封堵。

5）有限空间带有搅拌器等用电设备时，应在停机后切断电源，上锁并加挂警示牌。

6）作业开始前，根据有限空间盛装的物料的特性，对有限空间进行清洗或置换，并使用相应气体检测仪，采用多处取点、代表性取点的方式进行气体检测，对于检测合格的有限空间方可允许安排人员作业。

7）作业过程中对有限空间内气体进行定时监测，每2小时监测一次，如监测分析结果有明显变化，应加大监测频率；作业中断超过30分钟，应重新进行监测分析，对可能释放有害物质的空间，应连续监测。情况异常时应立即停止作业，撤离人员，经对现场处理，并取样分析合格后方可恢复作业。

8）作业开始之前，须保证空间内良好的通风条件，必要时应采取强制通风措施，禁止向有限空间充氧气或富氧空气。有限空间涂刷具有挥发性溶剂的涂料时，应做连续分析，并采取强制通风措施。

9）有限空间内须保证良好的照明，作业人员应使用安全电压的行灯或其他电源电压小于或等于36伏的灯具；如有限空间内需要使用电源，应使用隔离变压器变压为安全电压后，才允许进入有限空间内。在潮湿容器、狭小容器内作业电压应小于等于12伏。

10）有限空间如为金属容器应保证接地可靠。

11）有限空间作业应与其他热工作业隔离，并设置警示标识，有限空间作业须设立监护人，监护人须确认有限空间进入人员人数及身份，并确认离开人员数量。

12）监护人须随时保持与有限空间作业人员的联络，作业开始前检查安全措施落实情形，统一联系信号。

13）作业人员在进入有限空间前，应针对有限空间盛放的介质的特性佩戴合适的劳动防护用品。

14）在缺氧或在缺氧或有毒的有限空间作业时，应佩戴隔离式防护面具，必要时作业人员应拴带救生绳；在存在易燃易爆物质的有限空间作业时，应穿防静电工作服、工作鞋，使用防爆型低压灯具及不发生火花的工具；在有酸碱等腐蚀性介质的有限空间作业时，应穿戴好防酸碱工作服、工作鞋、手套等护品；在产生噪声的有限空间作业时，应佩戴耳塞或耳罩等防噪声护具。

15）如有限空间内须进行切割作业，进入有限空间的气带须是完整的，不得有喉箍等接头，进入前须进行气带气密性检测，保证其不漏气，作业结束或下班后须立即将气带撤离有限空间。

16）作业人员不得携带与作业无关的物品进入有限空间，作业中不得抛掷材料、工器具等物品。

17）有限空间外应备有空气呼吸器（氧气呼吸器）、消防器材和清水等相应的应急用品。

18）作业前后应清点作业人员和作业工器具。作业人员离开有限空间作业点时，应将作业工器具带出。

19）作业结束后，由有限空间所在单位和作业单位共同检查有限空间内外，确认无问题后方可封闭有限空间。

20）如作业现场发生异常情况或作业人员感觉不适或呼吸困难，应立即撤离有限空间。

21）发生突发性事件，监护人应立即帮助作业人员撤离有限空间，必要时可以采取急救手段，同时将情况上报作业负责人与现场安全员。发生其他较严重情形按照公司应急预案相关要求处理。

五、物体打击事故

物体打击是指生产作业过程中工具、材料、零部件等在运动时对人体造成的伤害。机械制造企业离不开各种各样的设备，有的设备体型庞大、结构复杂，人员在作业中稍不留意，就会造成伤害事故。从物体打击事故发生的原因来看，有的是因为操作不慎，致使零部件、工具、材料从高处坠落伤人；有的是因为制动失灵、物体断裂、连接松脱等，造成打击伤人。为了预防物体打击事故的发生，国家制定了法规、规范、标准等，企业应遵守并采取积极的防范措施，这对于预防物体打击事故的发生十分重要。

43. 违章切除十字柱支撑造成物体打击

2018 年 8 月 5 日 0 时 30 分左右，保定某重钢结构制造有限公司（本案例简称重钢结构公司）一车间在生产作业过程中，发生一起物体打击事故，造成 1 人死亡，直接经济损失 85 万元。

（1）企业基本情况

重钢结构公司成立于 2011 年 2 月 24 日，经营范围包括钢结构工程施工及构件的生产、机械部件加工等，有从业人员109人。

（2）事故经过和救援情况

2018年8月4日23时，公司员工开始上班（因电网白天限电，公司安排员工23时至第二天7时上班）。8月5日凌晨，于某某协同刘某某进行十字柱焊接作业。为了防止十字柱倾倒，他们在十字柱较重的一侧设置了两个支撑。十字柱焊接完成后，刘某某告诉于某某将十字柱吊走，并强调在切掉两个支撑前，必须用临时支架或起重锁具将十字柱钩牢。刘某某嘱咐完于某某后，就去附近焊接其他钢结构。

8月5日0时30分左右，于某某在没有对十字柱采取任何固定措施的情况下，就对十字柱支撑进行了切除作业，当切除掉一根支撑后，另一根支撑瞬间弯曲崩出，十字柱向北倾倒，十字柱上的结构将于某某撞倒并压住了其前胸。

正在附近正在进行钢构焊接作业的刘某某听到响声后回头一看，看到于某某被砸了，立刻叫车间副主任拨打“120”救援电话，同时电话报告了公司总经理、生产副总经理，并招呼在车间现场人员试图将十字柱移开解救于某某，但由于十字柱太重，没有成功。0时40分左右，“120”救护车赶到现场，在医生的指导下，现场人员用起重机将十字柱吊起，将伤者抬上了担架，医生立即进行了现场急救，通过检查发现伤者已无生命体征。

（3）事故原因分析

1）直接原因

于某某安全意识淡薄，对十字柱支撑进行切除作业中存在的危险因素分析、辨识不到位，在未采取临时支架或起重锁具钩牢等预防措施的情况下，冒险作业，是导致事故的直接原因。

2）间接原因

①重钢结构公司安全培训教育不到位。于某某为新上岗的员工，

没人按照相关法律法规的规定对其进行三级安全教育。

②重钢结构公司与从业人员订立的劳动合同中，没有载明有关保障从业人员劳动安全的事项。

③重钢结构公司未能严格落实隐患排查治理工作，未按安全生产管理工作要求进行安全检查，安全巡视制度的落实流于形式，致使违章行为得不到及时发现和制止。

④重钢结构公司特种作业管理不到位。于某某无证操作（没有取得焊工操作证书）；特种作业审批制度未得到有效落实；作业现场安全监管缺失，未安排专门人员进行现场管理。

（4）事故教训和整改措施

这起事故是一起因企业安全生产管理不到位、工人冒险作业引发的生产安全责任事故。公司应进行以下整改工作：

1）健全公司的“三项”制度，完善与从业人员订立的劳动合同，补充有关保障从业人员劳动安全的事项，细化各岗位的安全操作规程及作业指导书。

2）要严格按照相关法律法规的规定，加强对公司员工的安全教育培训，使每一位员工都要了解自己的安全职责，了解所在岗位的危险、有害因素，作业前要对作业环境、作业过程可能存在的风险进行辨识分析，并采取必要的安全措施。

3）各级管理人员要摆正生命与生产、效益与生产、安全与发展的关系。企业组织生产的领导在组织生产工作任务时，必须坚持在计划、布置、检查、总结、评比生产工作的同时进行计划、布置、检查、总结、评比安全生产工作的原则。把安全工作落实到每一个生产组织管理环节中去。这是解决生产管理中安全与生产统一的重要原则。

4）公司在作业任务发布、安全环境确认、现场监护、安全巡视、施工验收、作业现场撤离等环节上要做到严格审批、严格管理、严格检查。严格特种作业人员管理，坚决杜绝人员无证上岗。

5）要贯彻“安全第一、预防为主、综合治理”的方针，切实抓好安全生产工作。要召开一次安全警示教育大会，对照查找本单位及员工在安全意识、制度落实、能力素质和遵守劳动纪律等方面存在的问题，细化责任，完善操作规程，做到举一反三，防患于未然。

（5）相关知识与管理借鉴

在机械制造企业，物体打击事故时常发生，特别是从事起重机械、冶金机械、船舶制造等企业，由于生产性质和作业环境的原因，更需要预防此类事故。

为预防物体打击事故，可采取以下综合措施：

1）认真执行有关安全技术规程，克服麻痹思想，尽量消除物体打击伤害事故隐患，牢固树立自我保护的安全意识。

2）严格遵守劳动纪律，员工上班时间不得打闹、不准开玩笑，以免影响注意力。

3）配齐合格的个人防护用品，按规定穿戴好劳动防护用品，并检查劳动防护用品的穿戴是否符合要求。进入生产现场或作业场所，员工应按规定着装，不得穿高跟鞋、凉鞋、拖鞋、背心、短裤，不允许滥用劳动防护用品。

4）安全防护措施要齐全得力，安全注意事项要有针对性，现场监护人要坚守岗位。完善安全防护装置，必要的防护栏杆、网、罩等应配齐，性能应可靠。

5）生产作业现场设置安全标识及必要的围栏，禁止无关人员进入。

6）使用设备的操作人员，必须熟知设备特性，掌握操作要领，经过培训考试合格，持证上岗。

7）明确安全教育的目的。安全教育的内容，可分为安全知识教育、安全技术教育、安全思想教育。可采用三级安全教育、经常性的安全教育、特殊工种的安全教育等方式。为使安全教育多样化，可配合安全活动日，采用广播、墙报、电视录像、事故现场会等对操作者进行全面教育。

8）操作使用的机器设备，必须符合质量要求。安全装置不齐全的设备，禁止使用。带“病”设备未修复达标前严禁使用。不是自己分管的设备、工具，禁止使用。加强机械设备的维修检查。机械设备一旦投入使用，随着时间的推移，各部件的磨损会相应增加，发生事故的风险也逐步增加，因此必须加强机械设备的维修保养，及时更换不合格的零部件，但不能降低机械设备的整体安全性。

9）高处作业时，禁止投掷物料。手持工具和零星物料，应随手放在工具袋内，工具袋应拿稳系牢。

10）高处作业中，对斜道、过桥、跳板明确专人负责维修、清理，斜道、过桥、跳板上不得存放异物。

11）排除设备故障或清理卡物件料之前，必须停机。

12）机械运行过程中，为避免工具、工件、联结件、紧固件等甩出伤人，应有防松脱措施和配置防护罩或防护网等安全措施。

13）多人作业时，必须指定一人为安全负责人。

14）上下立体交叉作业，应进行科学合理的安排。

15）拒绝违章指挥，严禁违章作业。

44. 违规使用半自动堆高车造成侧翻

2017 年 8 月 28 日 16 时 45 分，安徽某汽车配件有限公司（本案例简称汽车配件公司）发生一起因半自动堆高车侧翻，砸倒维修工，造成 1 人死亡的事故。

（1）企业基本情况

汽车配件公司建于 2008 年 5 月，经营范围包括汽车配件、橡胶制品生产、销售，有员工约 300 人。

（2）事故经过和救援情况

2017 年 8 月 28 日 16 时 40 分左右，公司临近下班时间，设备部维修工邵某接到模具车间负责人电话，说模具车间内热蒸汽管道发生泄漏，邵某随即前往现场进行确认。到达现场后，发现漏气点管道有 3 米高，需要借助辅助工具升高才能进行维修，于是邵某前往公司仓储部借半自动堆高车。

当时，仓储部半自动堆高车正在高架上上货，仓库管理员闫某某不同意借用，但邵某自行强拉走半自动堆高车，此时车上部液压叉没有降下来。在仓库门前的坡道下坡过程中，半自动堆高车发生侧翻，支撑架砸中邵某的头部。

事故发生时，闫某某正准备到在仓库外接水，听到“轰”的一声响，赶快跑到现场，看见邵某倒在地上，头部流血，闫某某立即跑回仓库，打电话给仓库主任李某某和公司领导。接到事故报告后，公司各部门领导第一时间赶到了事发现场，并及时拨打“120”急救电话和“110”进行报警。相关人员迅速组织员工在厂外、厂内进行疏导，确保“120”救护车能够顺利到达事发现场。“120”救护车到现场后，立即施救，邵某终因伤势过重经抢救无效死亡。

（3）事故原因分析

1）直接原因

邵某违反公司制定的半电动堆高车管理规定，违规使用半电动堆高车造成侧翻伤人事故。

2）间接原因

①公司安全管理和教育培训不到位，导致作业人员安全知识匮乏，安全意识淡薄，对作业现场存在的危险因素认识不足，安全防范技能偏低。

②公司仓库管理制度、操作规程不落实。

（4）事故教训和整改措施

经调查认定，这是一起因员工安全意识淡薄，违规作业，企业制度规程不落实而导致的一般生产安全责任事故。为了有效预防事故的再次发生，应采取以下整改措施：

1）公司要建立以主要负责人为组长的安全生产领导机构，配备专、兼职安全生产管理人员，切实履行安全生产主体责任，建立健全本单位的安全生产责任制，构建安全生产隐患排查机制，组织制定并完善规章制度和操作规程，规范企业安全管理；要落实安全隐患排查整改主体责任，建立并落实日常隐患排查治理制度，及时发现并消除各类安全隐患。

2）公司要强化安全生产教育和培训工作，提高员工的安全生产意识。保证员工具备必要的安全生产知识，熟悉有关的安全管理制度与操作规程，掌握本岗位的安全操作技能，从而增强员工安全意识和自我防范能力，杜绝员工“三违”行为。

（5）相关知识与管理借鉴

在这起事故中，作业人员在拉走半自动堆高车的时候，没有把堆高车上部液压叉降下来，这样重心过高，在仓库门前坡道的下坡过程中发生侧翻伤人。

堆高车是指对成件托盘货物进行装卸、堆高、堆垛和短距离运输作业的轮式搬运车辆，适用于狭窄通道和有限空间内的作业，有自动与半自动的两种。

在使用半自动堆高车时，要注意以下事项：

1）使用半自动堆高车前，应先认真阅读说明书，了解并掌握操作要求。

2）不要随意拆修半自动推高车，非专业人员维修会降低堆高车的安全系数。

3）使用完毕后，应按规则进行维护、保养。

4）在没有负载情况下，要将货叉降到最低位置。

5）半自动堆高车的货叉上不能站人。

6）半自动堆高车在移动、升降时，应确保周围不要站人。

7）不要损坏车体上防护罩之类的装置。

8）半自动堆高车上的重物应放稳、放好，重物重心应处于两货叉中心，提升负载质量应在允许的范围之内，禁止超载使用。

9）半自动堆高车在升降时应停止移动，在准备较长距离行走时，货叉应降到较低的位置。

45. 擅自打开射芯机防护门造成物体打击

2018年3月22日，常州某机械有限公司（本案例简称机械公司）射芯车间内，发生一起1名操作工在调试射芯机信号线路时被模具砸伤致死的事故。

（1）企业基本情况

机械公司成立于2003年10月，经营范围包括农机配件、金属材料等，有员工约60人。

（2）事故经过和救援情况

2018年3月22日7时40分左右，在机械公司射芯机车间内，射芯机操作工姚某某在西侧射芯机旁的地坑内调试信号灯时，不慎碰到未合模的上模具（上模具由射芯机四个角的支撑螺栓架空放置），导致上模具从支撑螺栓上脱落，将下方调试的姚某某肩背和胸腹部砸伤。

事故发生后，机械公司立即开展应急处置，拨打“120”急救电话并上报事故，将伤者送至医院救治，后经抢救无效死亡。

（3）事故原因分析

1）直接原因

射芯机操作工姚某某违章作业。他不是机修工，擅自冒险打开射芯机旁边的防护门，在上下模具分开的情况下靠近设备运行区域调试信号灯，不慎触碰上模具，导致上模具脱落将其砸伤。

2）间接原因

①机械公司安全管理不到位，未及时发现并消除射芯机侧面防护门未上锁的事故隐患，生产现场未设置禁止人员进入的安全警示标识。

②机械公司主要负责人未切实履行安全管理职责，未制订安全生产教育培训计划，安全教育培训工作开展不到位。

③机械公司安全生产主体责任落实不到位，安全生产教育培训工作开展不到位，新员工三级安全教育培训的学时不足，未制定事故隐患排查治理制度，事故隐患排查治理工作开展不到位。

（4）事故教训和整改措施

这起事故教训十分深刻，相关单位要引起高度重视，举一反三，吸取教训，防微杜渐，杜绝类似事故的发生。

1）公司要认真吸取事故教训，强化企业安全生产主体责任意识，要认真贯彻“安全第一，预防为主，综合治理”的方针。要加强从业人员的安全教育培训，尤其是对新员工的三级安全教育培训。

2）公司要认真开展隐患排查治理工作，切实落实生产现场的安全防护措施。

3）公司要加大对生产现场的安全监管力度，杜绝员工的“三违”现象，确保安全生产。

（5）相关知识与管理借鉴

在这起事故中，操作工发现射芯机信号灯出现问题后，擅自冒险打开射芯机旁边的防护门，准备进行调试，结果触碰上模具，导致上模具脱落将其砸伤。

射芯机的工作原理，是将以液态或固态热固性树脂为黏结剂的芯砂混合料射入加热后的芯盒内，砂芯在热的芯盒内很快硬化到一定厚度（5~10毫米）后取出，得到表面光滑、尺寸精确的优质砂芯成品。射芯机有不同的类型，以使用比较普遍的覆膜射芯机为例，在使用前和操作中要注意以下事项。

在射芯机运转之前，应注意以下事项：

1）清除妨碍射芯机设备正常运转的障碍物。

2）按润滑卡规定，对设备进行润滑。

3）检查射芯机设备关键部位的紧固件是否紧固，如有松动，必须紧固好。

4）检查全部阀门手柄是否都在静止位置上。

5）拧开压缩空气总阀门，对射芯机设备进行空载试车。在这个过程中，要检查机构的动作是否正常，检查各个阀门的管路是否漏气。

在操作射芯机的过程中，应注意以下事项：

1）射芯机开动以后，操作人员不得擅离工作岗位，应集中注意力，按工艺程序认真进行操作。

2）经常注意射芯机的运转情况，发现存在润滑不良、紧固件松动、零件损坏、管路漏流以及其他异常现象时，应立即停机处理，必要时通知维修人员修理。

3）在生产过程中，若发现射芯机震击无力、压实无力、翻传无力、夹紧无力，应通知维修人员检查修理。

4）经常保持震击活塞在润滑状态下工作，定期吹去活塞上的砂子，然后喷上润滑油。

5）吊砂箱时，不许砂箱碰撞模型或阀门手柄，以免损坏模型或产生误动作。

6）在生产过程中，经常清除射芯机上及其周围的积砂，防止砂子进入汽缸。

7）如射芯机发生事故，应立即停止设备运转，保持现场，报告有关部门检查、分析、处理。

46. 防护罩不全直磨机砂轮片突然破裂飞出致伤害

2018 年 5 月 29 日 8 时 40 分许，常州某管业有限公司（本案例简称管业公司）打磨车间内，一名员工在操作自制砂轮直磨机打磨钢管外壁时，被突然破裂飞出的砂轮片击中腰部，经医院抢救无效死亡。

（1）企业基本情况

管业公司成立于 2006 年 9 月 20 日，经营范围包括金属管，机械设备制造、加工和销售。

（2）事故经过和救援情况

2018 年 5 月 29 日 8 时 40 分许，管业公司修磨工江某某在操作公司自制砂轮直磨机打磨钢管外壁时，高速转动的砂轮片突然破裂，其中一片残片飞出后直接击中江某某右腰部。江某某向车间出口方向移动 1 米后倒地，后在工友帮助下经“120”急救车送至医院，经抢救无效死亡。

（3）事故原因分析

1）直接原因

企业自制的砂轮直磨机防护罩防护不全，未将砂轮、砂轮卡盘和砂轮主轴端部全部罩住，江某某在磨钢管过程中测量壁厚时未先关闭砂轮直磨机电源，致使高速运转的砂轮片破裂后直接击中江某某腰部，导致其死亡。

2）间接原因

①管业公司违规使用不符合国家安全标准的自制砂轮直磨机，砂轮机的存放、使用和管理上存在事故隐患。

②管业公司安全生产主体责任不落实，安全生产管理和事故隐患排查工作不到位。

③修磨工安全操作规程不规范，车间内修磨工安全操作规程和砂轮机安全警告警示标识未上墙。

（4）事故教训和整改措施

经调查取证和事故原因分析，事故调查组认为这是一起企业违规使用不符合国家安全标准的自制砂轮直磨机、安全生产主体责任不落实、安全管理松懈、相关人员履职不到位、安全操作规程不规范造成的生产安全责任事故。

1）公司应落实好安全生产主体责任，加强企业安全生产管理和事故隐患排查治理工作，规范并完善各工种安全操作规程。

2）公司完善并落实砂轮安全管理制度，增加砂轮卡盘压紧面的径向宽度，在砂轮与卡盘之间设置柔性材料衬垫，砂轮片存放场地应保持干燥，砂轮应放置于货架上，降低砂轮直磨机的转速或减小砂轮片直径，确保砂轮机各项技术参数符合国家安全标准要求。

3）进一步合理设置打磨工艺，提高机械化、自动化程度，降低人员的劳动强度，减少与砂轮的接触频次，提高作业过程的本质安全度。

（5）相关知识与管理借鉴

在这起事故中，发生事故的修磨工存在几个失误，一是安装砂轮时，在砂轮与卡盘之间没有使用柔性材料衬垫，造成局部接触点压力过大，过大的压力点会加速砂轮的破裂；二是在砂轮运转中测量壁厚，这从常识上就不安全；三是没有及时发现砂轮机存在的隐患。当然，砂轮机存在隐患，不符合规定要求，企业管理人员在每年实施的专项设备检查时，更有可能首先发现，如果没有发现，则说明安全管理上存在问题，需要改进。

47. 冒险维修设备发生物体打击

2018 年 6 月 27 日 21 时 15 分左右，常州传动技术有限公司（本案例简称传动技术公司）内发生一起物体打击事故，造成 1 名维修人员死亡。

（1）企业基本情况

传动技术公司经营范围包括汽车自动变速箱、双离合器变速器生产销售。

（2）事故经过和救援情况

2018 年 6 月 25 日，传动技术公司在生产中，因 5 号厂房液压机下行缓慢并存在异响，公司操作工人向维修部报修。

6 月 26 日 15 时至 23 时，维修部组织人员对该台设备进行了维修。6 月 27 日 13 时，维修部主管顾某某带领维修工王某某、丁某某继续维修作业，19 时，实习维修员陈某加入作业。21 时 15 分左右，王某某攀爬至液压机顶部，跨立在油泵电机与油管之间（站立面高度约 4.3 米），听取油泵电机及管路异响时，突然“砰”的一声，液压机高压油过滤器的缸体撕裂弹出，王某某受到猛烈打击，身体飞出，坠落过程中碰到了液压机操作面板连接杆，最后侧身摔至液压机前方地面。

事故发生后，现场人员立即向生产经理和总经理汇报，同时拨打了“120”急救电话，并开车将伤者送往医院进行抢救，22 时 40 分左右，王某某经抢救无效死亡。

（3）事故原因分析

1）直接原因

王某某安全意识淡薄，缺乏自我保护意识，在未采取任何防坠落措施情况下，冒险爬上液压机，且正对着高压油过滤器，大半个身体探出围栏，盲目进行检查，导致自身受到打击跌落至地面身亡。

2）间接原因

①传动技术公司对于作业现场的安全管理缺失。未对本次维修作业的风险进行辨识，未制定完整维修方案；未对登高作业进行危险作业审批，也没有要求操作人员佩戴安全帽、安全带等必要的防护用品。

②传动技术公司安全生产基础管理不到位。对设备日常检查维护保养不到位，未发现高压油过滤器缸体下部裂纹的隐患；公司教育培训不到位，员工缺乏安全作业技术知识。

（4）事故教训和整改措施

1）公司要深刻反思，认真吸取事故教训，举一反三，根据事故原因和事故教训分析，逐级落实安全生产主体责任，健全并落实各项安全生产规章制度和操作规程。

2）进一步加强危险作业安全管理，确保各项安全管理和技术措施落实到位，严格执行公司的危险作业审批制度，进行维修等作业前要充分考虑作业过程中可能产生的安全隐患和事故风险，明确相关安全注意事项，有针对性地制定安全防范措施和应急救援预案，做好安全检查和监护。

3）做好安全风险分级管控，认真执行隐患排查治理机制。要开展并完善安全风险辨识和评估，从组织、制度、技术、应急等方面对安全风险进行有效管控，实施好安全风险的公告警示。要制定符合实际的隐患排查治理清单，明确隐患排查的内容、频次和人员，尤其要强化对存在重大风险的、使用时间较长的机械设备的隐患排查，对发现的隐患要严格治理，实现闭环管理。

4）加强员工的基础安全教育培训工作，特别是岗位基本安全技能、操作技能培训，提高员工安全意识和自我防范保护能力；各个部门的安全责任人应定期组织并参与安全检查、召开安全例会等安全管理活动，并做好记录。

（5）相关知识与管理借鉴

液压机是一种利用液体静压力来加工金属、塑料、橡胶、木材、粉末等制品的机械。液压机常用于压制工艺和压制成形工艺，如锻压、冲压、冷挤、校直、弯曲、翻边、压装等。

液压机包括水压机和油压机。以水基液体为工作介质的称为水压机，以油为工作介质的称为油压机。

在液压机使用中，应注意以下事项：

1）工作时如发现不正常的现象，应立即采取措施排除，严禁机器在不正常的现象下进行工作。

2）机器在运转或压制工作时，不得进行修理或用手去触摸运动部分。

3）高压阀及分流阀等部分进行调整时，必须要由有经验的人进行。

4）进行工作时，应仔细调整好模具，以保证正常工作。

5）电气设备必须接地良好。

6）操作者必须在了解机器结构和说明书相关内容之后，方可操作使用。

7）压制制品时，模具应放置在中间，偏移中心处不应大于30毫米，否则，长期偏心工作对机身寿命有影响。

8）工作完毕后，应关闭电机，切断电源，用干净的棉纱或棉布擦净机身各部。

48. 交叉作业连接杆坠落发生物体打击

2015年7月25日15时34分左右，上海某船舶服务有限公司（本案例简称船舶服务公司）打磨工在进行舱底清洁作业时，发生一起物体打击事故，造成1人死亡。

（1）企业基本情况

上海某造船有限公司（本案简称造船公司）经营范围包括船舶、港口机械、起重运输机械、压力容器、冶金矿山设备、水利电力设备、石油化工设备、钢结构的设计、制造和修理等。

2015年5月1日，造船公司与船舶服务公司签订船舶工程制造承揽合同，约定由船舶服务公司承揽2015年期间造船公司部分船舶内场、外场涂装工程。

（2）事故经过和救援情况

7月24日17时，造船公司在2#码头组织召开H××××船码头工地会议，布置7月25日H××××船施工内容，明确7月25日上午船装部安装绑扎件，涂装部停止施工；下午船装部暂停施工，涂装部进行大舱清洁作业。

7月25日7时40分左右，造船公司船装部作业一区钳工一班副班组长杨某向组员陈某某等（组员均为劳务派遣工）安排当天作业任务：安装第三档区域的绑扎桥连接杆及法兰；完成第三档区域后，安装第二档（包括 10#大货油舱区域）及第三档的缺损件。11 时 20 分左右，第三档区域绑扎桥连接杆及法兰安装完成。

13 时，船舶服务公司外场打磨班组高某某等 5 名作业人员按照造船公司涂装部要求，到 H××××船 10#大货油舱舱底内进行清洁作业；15 时 15 分左右，造船公司船装部作业一区钳工一班回到 H××××船准备安装缺损件，并将材料搬运至待安装区域。

15 时 25 分左右，陈某某将两根绑扎桥连接杆搬运至 10#大货油舱区域。15 时 34 分，陈某某将该两根绑扎桥连接杆放置在 10#大货油舱右舷舱口围后，两根绑扎桥连接杆从舱口围坠落，其中一根经反弹后击中正在 10#大货油舱舱底进行清洁作业的高某某。

事故发生后，现场人员立刻拨打厂内救援电话，造船公司接报后，立即组织人员用吊车、吊笼将高某某从 10#大货油舱舱底救至码头。救援人员赶到后，高某某被送往医院进行抢救。当日 16 时 50 分，高某某经抢救无效死亡。

（3）事故原因分析

1）直接原因

作业人员违反造船公司高处作业安全管理规定，在敞开的 10#大货油舱舱口围处堆放绑扎桥连接杆，绑扎桥连接杆失稳坠落至 10#大货油舱舱底，击中正在舱底作业的人员。

2）间接原因

①造船公司作业计划未落实执行。造船公司船装部未按照 H××××船码头工地会议的安排组织施工。

②造船公司现场安全管理不到位。造船公司船装部在安装缺损件作业时，未对 10#大货油舱内正在作业的情况进行确认。

③造船公司对交叉施工的组织协调不力。造船公司未对10#大货油舱区域内交叉作业进行安全检查与协调，督促作业计划执行不力。

（4）事故教训和整改措施

经调查认定，这起物体打击死亡事故是一起生产安全责任事故。造船公司要吸取本起事故的教训，认真分析事故暴露出的企业安全管理方面存在的问题，切实落实各项整改措施：

1）要督促本单位的作业部门严格按照施工计划组织施工，加强作业现场危险源辨识，及时消除事故隐患。

2）要加强对员工的安全教育，提升员工的安全意识，督促其严格遵守公司的安全规章制度和操作规程。

3）要强化对交叉作业安全的组织及管控，在无法避免交叉作业的情况下，合理组织施工，并采取安全防范措施，确保施工安全。

（5）相关知识与管理借鉴

从这起事故的经过来看，绑扎桥连接杆的作业人员意外失手，造成物体坠落，十分凑巧，物体落地反弹后击中正在舱底进行清洁作业的人员。对此类事故的预防，要加强对交叉作业的组织及管控，在无法避免交叉作业的情况下，合理组织施工，并采取安全防范措施，确保人员安全。

49. 擅自拆除汽车起重机副卷扬机发生物体打击

2015年4月16日13时30分左右，上海某起重安装有限公司（本案例简称起重安装公司）在上海某钢铁股份有限公司冷轧厂（本案例简称冷轧厂）2030热镀锌改造工地进行施工作业前的准备工作过程中，发生一起物体打击事故，造成1人死亡。

（1）企业基本情况

起重安装公司经营范围包括普通机械设备安装、维修、租赁等。

（2）事故经过和救援情况

2015 年 4 月 16 日上午，起重安装公司员工李某某驾驶汽车起重机、杨某某驾驶配重装载卡车到达冷轧厂 2030 热镀锌改造工地。

9 时 30 分左右，李某某将汽车起重机驶入工作区域，展开支撑腿和起重臂进行吊装作业前准备工作。由于起重机旋转半径不够，李某某在未向单位报告的情况下，提出拆除汽车起重机上的副卷扬机措施，并与杨某某一起进行拆除。

13 时 30 分左右，李某某开始拆除工作，杨某某用榔头、旋具等工具先后拆除副卷扬机下方左、右两侧的固定销，在右侧下方的固定销被取下的瞬间，副卷扬机掉落，砸中杨某某。

事故发生后，李某某立即回到事故现场，检查杨某某受伤的情况，同时立即拨打公司安全员的电话汇报事故情况。13 时 45 分，起重安装公司员工驾车赶到事故现场，与现场人员一同将杨某某送往医院进行抢救。14 时 30 分，杨某某经抢救无效死亡。

（3）事故原因分析

1）直接原因

在未采取安全措施情况下，作业人拆除汽车起重机的副卷扬机下部的固定销，致使副卷扬机松脱、导致事故的发生。

2）间接原因

①作业人员在未了解设备结构情况下，拆除副卷扬机的固定销。

②现场安全监护措施不力，汽车起重机驾驶员在落实安全措施前，未制止作业人员正在进行的副卷扬机拆卸作业。

（4）事故教训和整改措施

1）起重安装公司要在全体员工范围内通报事故情况，开展安全警示教育工作，督促全体员工开展安全学习和安全技术培训，使员工熟悉岗位各种危险因素，提高员工安全意识和自我保护意识。

2）公司要进一步完善相关规定，严禁非专业人员使用非专业工具拆除汽车起重机上的设施设备。

（5）相关知识与管理借鉴

物体打击事故在建筑施工中发生的比较多，这是因为建筑工地存在高处作业多、交叉作业多。除此之外，在冶金企业、机械制造企业生产作业中，也比较多见，导致物体打击事故的原因，有物的不安全状态、人的不安全行为以及不良的工作环境等。

发生物体打击事故的原因：

1）由于机械设备、装置的安全附件（或装置）不齐全、欠有效，或者在设计和制造上存在缺陷，使用单位又没有对其采取有效的防护措施等，都为物体打击事故的发生埋下了隐患。

2）擅自更改机械设备、装置的结构或部件，破坏了其整体结构，使安全性能下降。

3）从事吊装及野外搬运作业时难以采取完全符合要求的防护措施，某些作业方法不符合安全要求。

4）不懂或不遵守操作规程，抱有侥幸心理，违章作业或冒险作业。

5）技术不熟练，操作水平低。

6）误操作，使机械设备、装置的安全附件或装置失灵，或者由于误操作而直接发生物体打击。而误操作有时是由于时间紧迫，为了赶进度思想过度紧张而造成的。

7）注意力不集中，该采取的措施未采取或采取的措施不当。

8）生产所用的原料、工具、材料及边角废料等物放置不当。

9）工作场地狭窄，工作人员相对集中，使安全防护距离和空间变小，一旦发生物体飞出极易击伤人。

10）采光和照明不足，使操作人员视觉容易疲劳，工作时间过长，便易于因操作失误而导致物体打击事故发生。

物体打击事故的发生，还有管理方面的原因，如规章制度不健全，操作规程不细，忽视对操作人员的安全教育，操作人员安全意识差，安全检查不严不细，事故隐患不能及时发现和排除等，都可导致物体打击事故。

50. 违规作业被崩断的钢丝绳击中头部

2017 年 11 月 13 日 8 时 45 分左右，上海某设备工程技术有限公司（本案例简称设备工程公司）在作业过程中，发生一起物体打击事故，造成 1 人死亡。

（1）企业基本情况

工程技术公司经营范围包括设备工程、计算机、仪器仪表化技专业领域内技术开发、设备租赁等。

（2）事故经过和救援情况

2017 年 11 月 10 日上午，上海某工厂 2#氧化联合装置常压离心机转子被修复后由运营保障单位设备工程公司员工送至现场等待安装。

11 月 13 日 8 时，设备工程公司的 3 名员工张某甲、张某乙、胡某某来到现场进行常规巡检。巡检完成后，张某甲让张某乙从装置平台上取来辅助钢丝绳，到套住离心机转子两端，自己站在平台上启动电动摇臂起重机按钮进行起吊。胡某某则站在张某甲边上配合作业。

当离心机转子被吊到 10 米平台下方时被平台底部凸出的边缘卡住，不能继续上升。张某甲便站在平台边缘，用脚向外蹬离心机转子，想错开位置后再起吊升高，站在旁边的胡某某也帮助张某甲一起用脚向外蹬离心机转子。

8 时 45 分左右，辅助钢丝绳突然断裂，断开的钢丝绳击中胡某某头部左侧，致其安全帽开裂，胡某某倒在平台上，安全帽掉落在地。

事故发生后，张某甲、张某乙立即求救并拨打“120”电话。8 时 55 分左右，救护车将胡某某送往医院救治。当日 13 时 31 分，胡某某经抢救无效死亡。

（3）事故原因分析

1）直接原因

离心转子在起吊过程中被卡在平台边缘，作业人员站立在平台边缘采取用脚蹬的方式调整，产生额外载荷，达到钢丝绳承载极限崩断。崩断的钢丝绳击中作业人员头部，导致事故发生。

2）间接原因

①作业人员安全意识淡薄，未严格执行单位安全生产规章制度及起重操作相关规范，在无方案、未办理作业票的情况下进行起吊作业。

②公司未及时组织制定安全生产规章制度，导致吊装所使用的钢丝绳长期处于失管状态。

③公司隐患排查工作存在漏洞。公司未及时发现并消除吊装所使用钢丝绳存在严重折弯、磨损、压扁等严重缺陷。

④作业现场综合协调、管理不力，未能及时发现作业人员在无方案的情况下进行起吊作业；未能及时制止作业人员在未办理作业票的情况下进行起吊作业。

⑤公司未能督促从业人员严格执行公司的安全生产规章制度和操作规程。

（4）事故教训和整改措施

1）事故企业要深刻吸取本次事故的教训，充分认识事故暴露出来的问题，清醒认识到安全生产形势的严峻性、复杂性、艰巨性。各级现场管理人员要按照职责规定，认真开展对作业人员的安全生产教育培训工作，督促作业人员严格遵守安全操作规程，努力提高作业人员的自我保护意识。

2）企业各级负责人要增强安全生产工作的紧迫感和责任感，切实履行安全生产主体责任，在布置、协调生产任务的过程中要同时落实安全生产管理工作，加大对生产现场的监管力度，督促作业人员严格执行安全生产规章制度和安全操作规程。对作业现场各类违章违规行为要采取“零容忍”的态度，加大安全管理的执行力度，确保安全生产的各项工作落到实处。

（5）相关知识与管理借鉴

这起事故是比较典型的人的不安全行为与物的不安全状态相结合导致的事故。人的不安全行为，即离心转子在被起吊过程中卡在平台边缘，作业人员站立在平台边缘采取脚蹬方式调整，产生额外载荷，达到钢丝绳承载极限崩断。物的不安全状态，即崩断的钢丝绳存在硬伤，承载能力下降。

事故之后，事故调查组邀请的专家通过对事故现场使用的钢丝绳、库房同类型钢丝绳进行检查后给出意见：吊装用钢丝绳存在断丝、挤压、油麻芯露出、锈蚀等硬伤，承载能力下降。

钢丝绳都是标准产品，可按用途选择直径、绳股数、每股钢丝数、抗拉强度和足够的安全系数。钢丝绳在使用中，除了外层钢丝磨损外，还有因绕过滑轮和卷筒时反复弯曲引起金属疲劳断裂，以及使用环境对钢丝绳的腐蚀等情况。当钢丝绳磨损过重、达到报废标准时，就不能继续使用，以免发生危险。

一般来讲，凡有下列情况之一的钢丝绳不得继续使用：钢丝绳直径减小 7%～10%；在一个节距内的断丝数量超过总丝数的 10%；出现死结、死弯、压扁、股松明显、波浪形、钢丝外飞、绳芯挤出以及断股等现象。

51. 过早解除夹钳肋板失稳倾覆

2015 年 1 月 22 日 9 时 50 分左右，徐州某船舶工程有限公司（本案例简称船舶公司）在承揽作业过程中，发生一起物体打击事故，造成 1 人死亡。

（1）企业基本情况

船舶公司经营范围包括船舶机电设备安装及维修；船舶涂装工程施工；钢结构制作、安装等。

2014 年 12 月 17 日，船舶公司与上海某造船有限公司（本案例简称造船公司）签订承揽合同，约定由船舶公司承揽造船公司 2014 年部分建造工程。

（2）事故经过和救援情况

2015 年 1 月 22 日 8 时许，船舶公司张某某安排组员装配肋板，张某某、王某某、刘某某为 1 组进行初定位作业，其中张某某担任起重指挥及司索、王某某负责定位焊、刘某某辅助作业。其基本程序是：作业人员由起重机配合将肋板移至指定位置，在不解除夹钳的状态下，装配工进行肋板结构面筋板与分段主体定位焊接以及光面斜撑焊接。在完成前述作业并检查合格后，解除夹钳。

9 时 48 分，肋板被起吊到位。9 时 50 分左右，张某某从肋板结构面爬到肋板上部，解除夹钳。此时，王某某仍在进行斜撑焊接。张某某在解除第二个夹钳时，肋板倾覆，砸压到王某某。

事故发生后，附近作业人员立即联系厂内救护车辆，同时指挥起重机吊起肋板。9 时 51 分，王某某被救出并送至医院，后经抢救无效死亡。

（3）事故原因分析

1）直接原因

作业人员违反管理规定，在肋板尚未完成与分段主体焊接定位，就爬上肋板解除夹钳，致使肋板失稳倾覆，砸压到仍在进行焊接的人员。

2）间接原因

①船舶公司现场安全管理人员履职不力，日常检查中曾发现作业人员违反管理规定，在肋板尚未与分段主体进行焊接定位就解除夹钳的行为，但未进行制止和纠正，也未对问题进行上报。

②船舶公司安全生产责任制落实不力，未有效地督促从业人员遵守安全生产规章制度和安全操作规程，对现场作业人员违反管理规定的情况失察。

（4）事故教训和整改措施

1）船舶公司管理人员要督促作业人员严格执行安全生产规章制度和安全操作规程，及时制止和纠正作业过程中的各类违章违规行为；造船公司要加强对分包单位落实安全生产责任制以及安全管理有效性的监督，督促其切实、有效地履行安全管理职责。

2）船舶公司要加强对员工的安全教育，尤其要强化对各级管理人员的培训教育，提高其安全责任意识，确保安全管理人员及时发现安全隐患，并按照规章制度的要求，采取严厉的惩戒措施，消除生产安全事故隐患。

3）造船公司要加强对区域内作业场所的动态管理，有效地利用监控视频等设备，强化对作业过程的管控，及时发现区域内违章作业等事故隐患。

（5）相关知识与管理借鉴

这起事故的发生，一方面是因为解除夹钳的作业人员没有按照基本程序要求，等待焊接完成后再解除夹钳，而是任性而为，过早解除夹钳，导致肋板倾覆砸压他人。另一方面是因为班组成员之间相互配合不当，当解除夹钳的作业人员爬到肋板上部时，班组长以及班组成员之间竟然没有人进行关注和提醒，也没有人及时制止。

预防此类事故，班组的作用最为直接，也最为有效。

班组是企业的基层组织，是加强企业管理、搞好安全生产的基础。在企业生产过程中，人往往与机器设备密切联系在一起，甚至成为人机的统一体。人是安全生产过程中起决定作用的因素，企业的设备、工具和原材料等，都要由人掌握使用；企业的生产、经营管理和各项规章制度的贯彻落实，也要通过人的活动来实现。

由于班组成员同在一个环境中工作，相互接触时间较长，容易形成相互帮助、监督的局面，因而对班组的安全生产影响很大。据统计，在责任事故中，90%以上的事故发生在班组，80%以上的事故是由于违章指挥、违章作业和设备隐患没能被及时发现、消除等人为因素造成的。因此，从安全角度来说，班组是控制事故的前沿阵地，是企业安全管理的基本环节，加强班组安全建设是企业加强安全生产管理的关键，也是减少伤亡事故和各类灾害事故最切实、最有效的办法。

52. 冒险进入吊运现场发生物体打击

2016 年 4 月 3 日 13 时 10 分左右，唐山某装备制造有限公司（本案例简称装备制造公司）成品库发生一起物体打击事故，造成 1

人死亡，直接经济损失 90 万元。

（1）企业基本情况

装备制造公司成立于 2009 年 2 月，主要从事金属零件铸造销售，机械零部件加工等。

（2）事故经过和救援情况

2016 年 4 月 3 日 6 时 50 分，装备制造公司厂长谷某甲组织人员召开班前会，班前会后厂长安排涂装班组起重机司机谷某乙、装车工高某某吊运锅炉支架装车。

锅炉支架是中空的长方体，由 4 片长 10 米，宽 0.5 米的钢板焊接而成，其中三个侧面每面两端焊有两个托架，另外一面是平面的，每根锅炉支架质量为 4 吨左右。当日上午吊装完部分锅炉支架，于 11 时 30 分下班。

下午 12 时 30 分上班后，谷某乙和高某某继续进行锅炉支架吊装作业，谷某甲在现场管理。吊装现场有两垛锅炉支架，每垛为两根锅炉支架上下码放，垛间距 1 米，两垛锅炉支架呈南北方向放置，在锅炉支架垛两端下方东西方向平行垫放两根枕木，其中西侧锅炉支架是平面一侧放置在枕木上，东侧锅炉支架是将锅炉支架两端的托架分别直立在下方的两根枕木上，接触面积很小。两人先将西侧锅炉支架垛上层的一根锅炉支架吊装到停放在作业现场北侧的拖拉机上后，开始吊运西侧剩余的另外一根锅炉支架。

13 时 10 分左右，高某某挂好吊钩后退到吊装作业现场北侧的水泥路上，谷某乙将锅炉支架吊起距离地面高约 40 厘米时（起吊用时不足 1 分钟），东侧锅炉支架下方的枕木被挤压开裂，导致其上方码放的两根锅炉支架向西侧倾斜，高某某便拿着工字钢钢头由北向南进入吊起的锅炉支架与东侧码放的两根锅炉支架垛中间的空隙，准备对东侧倾斜的锅炉支架用工字钢头支撑稳定。谷某乙见高某某进入起吊现场后立即停止起吊，喊高某某“出来，别往里走了”，就在这时，东侧上下码放的两根锅炉支架向西倾倒，其中上层锅炉支架南端压在正在吊起的锅炉支架上方，正在锅炉支架空隙之间的高某某腹部受到挤压，导致其受伤。

事故发生后，厂长谷某甲立即指挥谷某乙操作起重机先放下被吊起的锅炉支架，随后移走锅炉支架。谷某甲叫来附近干活的其他工人一起从锅炉支架下抬出受伤的高某某，并安排公司车辆将其送往医院进行抢救。4 月 3 日 14 时，高某某经抢救无效死亡。

（3）事故原因分析

1）直接原因

高某某违反公司规定使用枕木作为底垫码放锅炉支架，并冒险进入正在吊运的锅炉支架之间，准备进行稳固作业时，因枕木东端受上方锅炉支架挤压开裂，致使锅炉支架倾倒，将高某某挤伤，是事故发生的直接原因。

2）间接原因

①装备制造公司安全管理不到位，未健全公司安全教育培训制度和安全操作规程；安全管理人员安全责任意识差，未认真履行安全管理职责，导致用工对作业现场安全缺乏充足的认识和重视。

②装备制造公司未认真落实安全生产隐患排查治理制度，未认真组织开展安全生产隐患排查治理工作，日常安全检查不到位，对成品库的锅炉支架垛码放疏于管理与检查，对吊运作业可能存在的事故隐患预判不充分，对作业人员违章冒险进入吊装危险作业区域未能及时发现和有效制止。

③装备制造公司安全教育培训不到位，未按规定开展安全教育培训活动，导致作业人员安全意识淡薄，对作业现场存在的危险因素以及违章进入吊装作业现场的危险性认识不足。

④装备制造公司安全警示标识设置不到位，成品库事发地点附近未设置安全警示标识，缺少对用工在现场作业的安全警示。

（4）事故教训和整改措施

这是一起因作业人员违章冒险作业，企业安全管理和教育培训不到位而导致的生产安全责任事故。事发公司要做好以下整改措施：

1）公司要加强安全管理，健全公司生产安全事故隐患排查治理制度等各项安全生产规章制度和各岗位安全操作规程，并确保真正落实到位，严格执行有关安全管理规定，切实落实企业安全生产主体责任，严格落实国家安全生产法律法规，开展安全生产大检查，全面排查并及时消除各类事故隐患。

2）公司要切实加强对从业人员的安全教育培训，确保从业人员熟悉有关的安全生产规章制度和安全操作规程，掌握岗位安全操作技能，了解事故应急处置措施，自觉遵守各项安全生产规章制度和操作规程，杜绝“三违”现象的发生，从本质上提升从业人员的安全意识、操作水平和应急处置能力。

3）公司要强化成品码放和吊装等危险作业现场的安全管理和检查，及时发现和消除现场生产安全事故隐患。

4）公司要对成品库作业现场存在的危险因素进行分析，在作业场所及相关设施、设备上设置明显的安全警示标识，并采取有针对性的安全措施，防范各类事故的发生。

（5）相关知识与管理借鉴

这起事故的发生比较意外，当作业人员冒险进入正在吊运的锅炉支架垛之间，准备进行稳固作业时，因枕木东端受上方锅炉支架挤压开裂，致使锅炉支架倾倒，将高某某挤死。

机械制造工作场所离不开各种机械设备，离不开各种设备的搬运，这些作业都有一定的危险性，也容易发生物体打击事故。控制物体打击事故的发生，对减少人员伤害事故、保障操作人员的安全具有积极的意义。

物体打击事故具有以下特点：

1）范围广。大多数工作场所有发生物体打击事故的可能。安全防护装置不符合要求发生物体打击事故的可能性最大，占事故总数的70%～80%。

2）原因多。物体打击事故既可以由一种原因诱发，也可以由多种原因综合诱发。

3）突发性强。物体打击事故的发生，往往事前没有预兆，特别是从事繁重的、零星的手工作业，更为明显。因此，预防难度很大。

4）立体性。人体的各个部位都可能遭受物体打击，往往使人防不胜防。

5）后果严重。由于物体打击作用在人体上的能量较大，造成的伤害也较为严重，轻则伤残，重则丧命。

预防物体打击事故，重要的一点是加强对生产现场的安全管理。可以运用科学的理论、方法和手段，对生产现场的人（操作者）、机（机械设备）、物（物料）、法（操作法）、环（环境）等因素进行合理配置，通过控制和消除物的不安全状态与人的不安全行为，保证现场按预定的目标实现安全生产。

六、高处坠落事故

机械制造企业经常发生高处坠落事故，特别是经常从事高处作业的人员。按照《高处作业分级》规定：在坠落高度基准面2米（含2米）以上有可能坠落的高处进行的作业称为高处作业。预防高处坠落事故最为关键的，是不要麻痹大意，时刻保持警惕，做好充分的防范措施。

53. 在无防护的情况下站在高处平台临边作业导致坠落

2018年3月3日，常州某铸造有限公司（本案例简称铸造公司）内，外来设备安装单位青岛某机械有限公司（本案例简称机械公司）在组织安装铸造砂处理设备过程中，发生1人高处坠落死亡事故。

（1）企业基本情况

机械公司成立于2014年11月7日，经营范围包括铸造机械、环保机械、矿山机械制造及机械配件加工等。

2017年6月9日，铸造公司（甲方）与机械公司（乙方）签订了合同，合同约定铸造公司从机械公司处购买1套铸造砂处理设备，铸造公司按照机械公司提供的基础施工图负责完成设备基础施工，并向机械公司提供设备安装所需的非标材料和水、电等，具体设备安装由机械公司组织实施。设备到达铸造公司后，机械公司负责组织使用汽车起重机进行吊装作业。汽车起重机司机江某某持有有效的特种设备操作证。

（2）事故经过和救援情况

2018年3月3日下午，机械公司组织人员在铸造公司进行铸造砂处理设备的安装。项目现场负责人孙某某组织李某某、刘某某以及汽车起重机司机江某某进行设备安装。

18时许天色已暗，孙某某组织人员对爬式加料机料斗的导轨进行吊装，他站在约6.5米高的设备平台上，李某某和刘某某在地面作业。突然，孙某某从平台上坠落至地面，头部受伤，已经就位的料斗导轨也掉落地面。

事故发生后，现场人员立即开展应急救援，伤者被公司车辆急送至医院抢救，后经抢救无效死亡。

（3）事故原因分析

1）直接原因

机械公司员工孙某某作为本次设备安装的主要负责人，在天暗没有照明且没有系安全带、未戴安全帽等安全防护措施的情况下，盲目进行安装作业，冒险站在无防护的高处平台临边作业导致高处坠落地面，孙某某的不安全行为是事故发生的直接原因。

2）间接原因

机械公司对设备吊装现场的安全管理不到位，未制定吊装危险作业的方案，也没有专门人员进行现场安全管理，安全防范措施不落实。公司未切实教育和督促从业人员在高处作业时按照要求佩戴安全帽、安全带等劳动防护用品。

（4）事故教训和整改措施

这起事故教训十分深刻，相关单位要引起高度重视，举一反三，吸取教训，防微杜渐，杜绝类似事故的发生。

1）机械公司要认真吸取事故教训，进一步建立健全安全生产责任制、安全生产规章制度及操作规程，尤其是要制定吊装等危险作业的安全管理制度，加强对从业人员的安全生产教育培训工作，督促从业人员正确佩戴劳动防护用品，认真开展事故隐患排查治理工作，及时发现并消除作业现场的事故隐患，有效防止事故的发生。

2）铸造公司要落实企业安全生产主体责任，严把发包关，切实加强对外协单位安全生产工作的统一协调管理。同时，公司要举一反三，深刻吸取事故教训，开展安全教育和培训，组织人员对公司进行安全检查，及时发现并消除现场存在的事故隐患，切实防止类似事故的再次发生。

（5）相关知识与管理借鉴

在这起事故中，作业到 18 时许天色已暗，而作业人员站在约 6. 5 米高的设备平台上，既没有佩戴安全带、安全帽，平台也没有可靠的防护栏杆，最终发生了高处坠落事故。

进行高处作业，要对作业人员进行安全教育和安全技术交底，主要有这样几项内容：

1）所有高处作业人员应接受高处作业安全知识的教育；攀登和悬空高处作业人员以及搭设高处作业安全设施的人员，必须经过专业技术培训并经考试合格，持证上岗。高处作业人员应经过体检，合格后方可上岗。

2）所有高处作业前应依据有关规定进行专门的安全技术交底；交底应针对高处作业场所的特点，将作业防护措施、操作注意事项、禁止事项等，由作业负责人逐条向班组成员交代清楚。

3）高处作业前，作业单位应为作业人员提供合格的安全帽、安全带等必备的安全防护用品，作业人员应按规定正确佩戴和使用。

 54. 高处作业未系安全带失稳坠落

2014 年 5 月 8 日 21 时 45 分左右，在由某造船（集团）有限公司（本案例简称造船公司）承建的 H×××××船内，上海某船舶工程有限公司（本案例简称船舶工程公司）在 7#大舱横隔舱进行喷漆收尾作业时，发生高处坠落事故，造成 1 人死亡。

（1）企业基本情况

船舶工程公司经营范围包括船舶除锈及涂装、柴油机涂装，钢结构件涂装、制作、安装及分段加工，船舶修造承包工程等。

2014 年 2 月 25 日，造船公司与船舶工程公司签订了合同，约定由船舶工程公司承包 H×××××船分段的喷砂、打磨除锈和油漆作业以及该船的船坞涂装作业。

（2）事故经过和救援情况

5 月 8 日 16 时许，船舶工程公司油漆三组班组长毕某某组织张某某、桑某某等 11 名作业人员在 H×××××船 7#大舱进行喷漆，其中组员桑某某、张某某为一组，负责横隔舱区域的喷漆。开始作业时，桑某某将喷漆皮带沿横隔舱近船尾的舱口围，经舱口围中部布设至舱底，两人从横隔舱底层至甲板下第一层逐层喷漆，在完成一层喷漆工作后，将喷漆皮带扩展至上一层平台。

21 时 30 分左右，在完成喷漆后，张某某从绑扎桥中部通道走到舱口围收喷漆皮带，桑某某在下层向上传递。21 时 45 分左右，张某某不慎从舱口围坠落至舱底（坠落高度 26.92 米）。

桑某某听到张某某的叫声后，发现张某某已坠落至舱底，随即联

系毕某某。毕某某从码头赶到7#大舱舱底，并拨打“119”“120”电话，同时通知造船公司。造船公司组织人员用码头上的门座式起重机将吊笼送至7#大舱舱底。救援人员赶到后，与周围人员一同将张某某抬至吊笼，并吊运至码头。张某某被送至医院抢救，当日23时36分，张某某经抢救无效死亡。

（3）事故原因分析

1）直接原因

作业人员在舱口围区域作业时，违反建峰公司相关规定，未系挂安全带，失稳从平台坠落，导致事故发生。

2）间接原因

①船舶工程公司现场管理人员未对作业人员进行有针对性的安全交底，及时提醒作业人员采取安全防护措施；船舶工程未在巡查过程中对作业人员系挂安全带的情况进行认真检查。

②船舶工程公司对安全管理人员未切实履行安全管理职责的情况失察；未能有效地督促作业人员严格遵守公司的安全生产规章制度和安全操作规程。

（4）事故教训和整改措施

1）船舶工程公司要加强对从业人员的安全教育，提高其遵守安全规章制度和安全操作规程的自觉性，确保各项规章制度有效落实；公司要加强现场安全交底，对现场存在的危险因素进行提醒；要提升现场安全管理人员的安全责任意识，督促其切实履行安全管理职责，及时发现并消除事故隐患，杜绝安全巡查流于形式。

2）造船公司要加强对区域内各承包单位的安全管理工作，审查其安全管理规章制度及安全责任制的执行情况；要加强作业现场管理，认真排查作业现场安全防护措施的有效性，及时发现、消除现场存在的事故隐患；要进一步加强针对夜间作业的安全工作检查力度。

（5）相关知识与管理借鉴

在这起事故中，两名作业人员在完成喷漆后，一人在下层向上传递、一人走到舱口围收喷漆皮带，舱口围至舱底的高度为 26.92 米，结果不慎从高处坠落。

根据事故致因理论，事故致因因素包括人的因素和物的因素两个主要方面。从人的不安全行为分析，主要有以下原因：

1）人员“三违”行为，主要表现为未经现场安全管理人员同意擅自拆除安全防护设施，擅自拆除临边防护栏杆。不按规定的通道进入作业面，而是随意攀爬阳台、吊车臂架等非常规通道。高处作业时不按规定穿戴好个人劳动防护用品等。

2）人操作失误，主要表现为在洞口、临边作业时因踩空、踩滑而坠落；在转移作业地点时因没有及时系好安全带或安全带系挂不牢而坠落；在安装设备构件时，因作业人员配合失误而导致相关作业人员坠落等。

3）注意力不集中，主要表现为作业或行动前不注意观察周围的环境是否安全而轻率行动，如没有看到脚下的空隙、没有注意身处高处、没有注意位于临边位置等。

55. 员工冒险到行车轨道维修发生坠落

2012 年 10 月 16 日下午，某机电（泰州）有限公司（本案例简称机电公司）在电动单梁桥式起重机（以下简称起重机）维修作业过程中发生一起高处坠落事故，造成 1 人死亡，直接经济损失约 70 万元。

（1）企业基本情况

机电公司于 2006 年 5 月 31 日成立，经营范围包括生产数控机床、输变电钢管杆、变电站构支架、电力金具、输变电铁塔、通信铁塔及铁附件，钢结构制造等。

（2）事故经过和救援情况

2012 年 10 月 16 日上午，机电公司 1 号车间 1 号起重机发生故障，公司负责人周某某通知自由职业人员王某维修，并安排公司机修工毛某某配合作业。

当天 13 点左右，王某与毛某某来到 1 号车间维修起重机，王某站到移动式升降平台的操作平台上，因升降平台起升高度达不到起重机大车运行轨道高度（距地面 10 米），毛某某操作叉车将升降平台升至高处后，王某爬到行车大车运行轨道上进行维修。13 点 22 分左右，王某突然后仰失去平衡从轨道上坠落至地面。

事故发生后，现场工人立即拨打了“120”电话，“120”救护车赶到现场后，随车医生确认王某已当场死亡。

（3）事故原因分析

1）直接原因

王某在未采取安全防护措施的情况下，到起重机大车轨道上进行高处维修作业，不慎坠落。

2）间接原因

①机电公司将起重机维修发包给未取得特种设备作业人员操作证的自由职业者从事起重机维修作业。

②机电公司现场管理不到位，未监督起重机维修人员使用劳动防护用品。

（4）事故教训和整改措施

1）机电公司负责人应深刻吸取事故教训，加强安全管理，落实安全责任，提高安全防范意识。

2）机电公司要建立特种设备安全管理制度，建立和完善特种设备注册登记、人员培训、定期检验、安全检查、事故隐患整改等安全管理基础台账。

3）机电公司要严格落实特种设备作业人员持证上岗制度，并聘请具备相应资质的单位和人员进行特种设备的维护保养。对未办理使用登记或未定期检验的特种设备，要立即停止使用。

（5）相关知识与管理借鉴

在这起事故中，维修人员在未采取安全防护措施的情况下，到起重机大车轨道上进行高处维修作业，结果不慎坠落。在事故的背后，是公司将起重机维修发包给未取得特种设备作业人员操作证的自由职业者从事起重机维修作业。对这类事故的预防，主要是要改变公司的起重机维修制度。

事故之后，调查组对事故原因进行了调查分析，认定这是一起生产安全责任事故认为机电公司违反了《特种设备安全监察条例》《特种设备作业人员监督管理办法》和《安全生产法》的相关规定，对事故的发生负有主要责任。

56. 在简易脚手架上施工发生高处坠落

2012 年 4 月 10 日，上海某化工机械有限公司（本案例简称化工机械公司）在生产作业过程中，发生一起高处坠落事故，造成 1 人死亡。

（1）企业基本情况

化工机械公司经营范围包括化工化纤设备，常压容器，第一类压力容器，第二类低、中压容器，结构件制造，机械密封，普通阀门制造等。

（2）事故经过和救援情况

2012年4月10日10时50分左右，化工机械公司一车间焊接一组施工人员俞某某在完成稳定塔顶回流罐顶部的开孔作业，准备收工时，不慎从简易脚手架上坠落，地面上埋弧焊机送丝杆插入俞某某胸部。

事故发生后，俞某某被送往医院救治，经抢救无效于11时20分死亡。

（3）事故原因分析

1）直接原因

作业人员在没有被固定好的简易脚手架上施工，且未采取安全防护措施，不慎坠落，被地面上的埋弧焊机送丝杆插入胸部，导致死亡。

2）间接原因

①化工机械公司在组织施工作业中，安全生产意识淡薄，没有开展有针对性的风险辨识活动，搭设的简易脚手架存在安全隐患，未采取任何安全防护措施。

②化工机械公司安全生产责任制未得到有效落实，安全生产教育存在缺陷，现场安全检查和现场安全管理流于形式，督促从业人员执行高处作业安全规章制度不力。

（4）事故教训和整改措施

1）化工机械公司要认真吸取事故教训，举一反三，强化安全生产责任制的落实工作，认真查找工作中的薄弱环节，认真梳理各项安全生产规章制度和安全操作规程，把安全生产工作措施落到实处。

2）化工机械公司要加强对各级人员的安全教育与培训，提高工作人员的安全生产意识和风险辨识能力，加强作业现场管理，认真开展隐患排查治理，有效避免各类事故的发生。

（5）相关知识与管理借鉴

在这起事故中，相关负责人安全生产意识淡薄，组织施工作业不严密，没有组织针对性的风险辨识活动，搭设的简易脚手架存在安全隐患，未采取任何安全防护措施，是导致事故发生的重要原因。此外，人员高处作业未采取安全防护措施，也是事故发生的一个原因。

组织施工的企业领导和安全管理人员必须提高警惕，严格执行安全技术和安全管理的各项规定，不能心存侥幸。此外，在高处作业，作业面通常比较狭窄，各工种交叉作业相对集中，这些情况都可能诱发不安全因素，造成坠落事故，所以需要特别当心。

57. 临边作业不系安全带失稳发生高处坠落

2013 年 4 月 2 日 9 时 40 分左右，在上海某造船有限责任公司（本案例简称造船公司）2 号平台区域，上海某建筑安装工程有限公司（本案例简称建筑安装公司）在实施脚手架拆除时，发生一起高处坠落事故，造成 1 人死亡。

（1）企业基本情况

建筑安装公司经营范围包括机电设备安装工程，钢结构工程等。

2012 年 4 月 27 日，造船公司与建筑安装公司签订合同，约定由建筑安装公司承揽 H××××船所有分段的后道工程作业的全部脚手架搭拆工作。

（2）事故经过和救援情况

2013 年 4 月 2 日 7 时许，脚手架班副班长冉某某安排班组成员袁某某、赵某、周某某、陈某某 4 人至造船公司 2 号平台拆除 H××××船脚手架，并指派袁某某、赵某、周某某具体实施拆除，陈某某辅助作业，其中袁某某为现场施工负责人。4 人随即前往作业地点按分工开展施工，袁某某等 3 人在总组分段平台上拆除平台边缘脚手架，陈某某在地面拉设警戒绳、整理工器具等。

9时许，袁某某在总组分段平台南端，由东至西拆除脚手架立杆，赵某、周某某在北端作业，3人均未系挂安全带。9时40分左右，当袁某某拆至第二根立杆时，使用已拆下的立杆敲击待拆立杆底部夹头。在将该立杆脱离平台的同时，袁某某随2根立杆一同从平台坠落至地面（坠落高度约5.2米）。

周某某发现袁某某坠落，叫来周围人员将其抬上随后赶到的救护车，送往医院进行救治。4月8日7时45分，袁某某经抢救无效死亡。

（3）事故原因分析

1）直接原因

作业人员在平台临边作业时，未系挂安全带，在脚手架立杆拆除过程中失稳从平台坠落，导致事故发生。

2）间接原因

①现场作业人员违反建筑安装公司船舶钢质管子脚手架搭设安全操作程序，用敲击的方法拆除脚手，实施脚手架拆除作业。

②建筑安装公司对从业人员安全教育不到位，对作业人员执行安全规章制度及操作规程监督、检查不力，未能及时发现和纠正临边作业未系挂安全带等违章现象，在脚手架拆除过程中未派专人在现场监护，安全管理缺失。

（4）事故教训和整改措施

1）建筑安装公司要认真吸取事故教训，加强对作业人员的安全教育，提高其遵守安全规章制度和安全操作规程的自觉性；督促现场管理人员认真落实安全责任制，加强日常巡查、抽查等安全管理的针对性，及时发现并消除事故隐患；建筑安装公司要遵守发包单位的各项规章制度，提升公司的安全管理水平；建筑安装公司合理组织施工，确保特种作业人员持证上岗。

2）造船公司要梳理区域内各专业承包单位对公司安全管理规章制度的执行情况，督促相关单位切实加强安全管理工作；要加强对专业承包（承揽）单位的安全检查，及时发现、消除作业现场存在的安全隐患。

（5）相关知识与管理借鉴

在这起事故中，作业人员在平台临边作业时，未系挂安全带，在脚手架立杆拆除过程中失稳从平台坠落，是导致事故的直接原因。导致事故的间接原因，则是现场作业人员违反严禁用敲击的方法拆除脚手的规定实施脚手架拆除作业。

从事故统计数据来看，发生事故的原因大多是人的不安全行为所致。人的不安全行为是指造成事故的人的失误（差错）行为。要减少人的失误行为的发生，必须加强对作业人员的安全技术教育培训，这是减少人的不安全行为的重要措施。安全教育是企业的义务，也是预防事故发生的重要环节，企业通过教育和培训提高员工的安全意识，增长安全生产知识，加强对自我行为的约束，可以有效地防止人的不安全行为，减少人为失误。

58. 使用叉车登高冒险作业发生坠落

2018 年 3 月 9 日下午 5 时 30 分许，常州某摄影器材有限公司（摄影器材公司）放料车间内，发生高处坠落事故，造成 1 人死亡。

（1）企业基本情况

摄影器材公司成立于 2008 年 7 月 9 日，经营范围包括摄影器材、注塑件、汽车零部件、不锈钢制品、机械零部件制造等。

（2）事故经过和救援情况

2018 年 3 月 9 日下午 5 点 30 分许，摄影器材公司临时雇佣人员姚某甲，驾驶叉车并将叉车停放至放料车间门口内侧，在叉车前端的货叉上铺设木制托盘，然后让姚某乙、周某某与他一起站在托盘上维修电动葫芦。

姚某甲和姚某乙 2 人站在叉车货叉上的木制托盘上，周某某升高货叉，将木制托盘抬高至离地 2.5 米左右。维修过程中，电动葫芦的电机突然脱落，姚某甲身体被坠落的电机线路牵带而失去平衡，从木制托盘上坠落至地面。现场人员立即拨打“120”电话，“120”急救人员到达现场后确认姚某甲已死亡。

（3）事故原因分析

1）直接原因

姚某甲维修电动葫芦时无证驾驶叉车，违规使用叉车登高，冒险作业，是造成这起事故的直接原因。

2）间接原因

摄影器材公司未严格落实安全生产责任制，企业安全生产管理不到位，对违章违规行为管理不严，是造成这起事故的管理原因。

（4）事故教训和整改措施

经调查取证和事故原因分析，事故调查组认为这是一起企业安全生产主体责任不落实、安全管理松懈、人员冒险作业而造成的生产安全责任事故。这起高处坠落死亡事故教训是深刻的，摄影器材公司要认真反思，举一反三，通过事故原因和事故教训分析，完成如下整改要求：

1）摄影器材公司要进一步加强企业安全生产主体责任的落实，加强对生产现场的安全管理，强化对厂内员工和临时雇佣人员的安全教育培训。

2）摄影器材公司要加强对特种设备操作人员的安全培训，提高员工生产安全事故防范的能力。

3）摄影器材公司要加强管理人员对相关法律法规以及安全生产知识的学习，避免再次出现违规行为，保证从业人员的生命财产安全。

（5）相关知识与管理借鉴

在这起事故中，作业人员在维修电动葫芦时，把叉车当作梯子，违规使用叉车登高冒险作业，结果发生高处坠落。需要注意的是，在叉车安全操作规程中明确规定禁止用货叉举升人员从事高处作业，目的就是为了避免发生高处坠落事故。

叉车作业有相应的规定，也有明确的安全操作规程，在叉车装卸作业时，需要注意以下事项：

1）叉载物品时，应按需调整两货叉间距，使两叉负荷均衡，不得偏斜，物品的一面应贴靠挡物架。

2）禁止单叉作业或用叉顶物、拉物。特殊情况下拉物时必须设立安全警示牌提醒周围行人。

3）在进行物品的装卸过程中，必须用制动器制动叉车。

4）车速应缓慢平稳，注意车轮不要碾压物品或垫木，以免物品或垫木飞起伤人。

5）用货叉叉货时，货叉应尽可能深地插入货物下面，还要注意货叉尖不能碰到其他货物或物品。应采用最小的门架后倾来稳定货物，以免货物后向后滑动。放下货物时可使门架少量前倾，以便于安放货物和抽出货叉。

6）禁止高速叉取货物和用叉头向坚硬的物体碰撞。

7）叉车叉物作业时，禁止人员站在货叉周围，以免货物倒塌伤人。

8）禁止超载，禁止用货叉举升人员从事高处作业，以免发生高处坠落事故。

9）禁止叉车司机在货叉上物品悬空时离开叉车，离开叉车前必须卸下货物或降下货叉架。

59. 违规使用起重机登高作业发生高处坠落

2018 年 5 月 28 日 9 时许，常州某不锈钢管有限公司（本案例简称不锈钢管公司）发生一起建筑施工高处坠落事故，造成 1 人死亡、1 人重伤，2 人系从事厂房内部装修喷涂过程中从起重机上不慎坠落导致伤亡。

（1）企业基本情况

不锈钢管公司，成立于 1991 年 10 月 29 日，经营范围包括不锈钢管、钢制管件、机械零部件制造等。

2018 年 5 月，不锈钢管公司与马某某签订协议，约定由马某某负责酸洗车间墙面改造项目，该项目于 2018 年 5 月 17 日开工。

（2）事故经过和救援情况

2018 年 5 月 28 日上午 9 时许，在不锈钢管公司 2 号车间西侧，墙面改造项目的施工人员卢某、裴某某正在进行厂房顶部喷涂作业。施工方在屋顶喷涂作业前未搭建脚手架等设施，利用车间单梁起重机作为喷涂作业的平台。起重机梁距离地面高度 8 米，施工方未在作业平台上设置防护栏杆或安全绳等防护设施，未在起重机梁下方设置防护网，未制定施工方案，未进行安全技术交底。施工时高处作业人员未系挂安全带。

2 名作业人员手持长 2.2 米的喷枪，喷枪通过软管与地面的空气压缩机连接。卢某、裴某某在单梁起重机上移动喷涂作业过程中坠落至地面。

事故发生后，现场人员立即拨打“120”急救电话，救护车将卢某、裴某某送至医院抢救。5 月 28 日中午，医院确认卢某经抢救无效死亡。

（3）事故原因分析

1）直接原因

施工作业人员冒险登高作业，未按照相关规定要求设置安全防护设施，是造成这起事故的直接原因。

2）间接原因

①施工方负责人马某某违反相关法律法规的规定承包工程，未按照建筑施工高处作业安全技术规范设置安全防护设施，安全生产条件不符合国家规定，未制定施工方案，施工前未进行安全技术交底，无事故防范措施，对施工现场安全监管不力，是造成这起事故的间接原因。

②建设单位不锈钢管公司在未办理相关施工手续的情况下，违法发包给不具备资质的人员进行施工建设，对施工现场安全管理不到位，是造成这起事故的管理原因。

（4）事故教训和整改措施

事故调查组认为这是一起施工作业人员冒险登高作业、无安全防护设施、施工方无资质、建设单位违法发包、对施工现场安全管理不到位而造成的一般生产安全责任事故。这起高处坠落死亡事故教训是深刻的，事故单位要认真反思，举一反三，通过事故原因和事故教训分析完成如下整改要求：

1）事故公司要落实安全生产主体责任，要加大生产作业现场的安全检查，加强安全管理工作，确保将安全生产责任制落到实处。

2）事故公司要进一步加强企业安全生产主体责任的落实，及时办理工程施工手续，认真审核施工单位资质，加强对项目施工现场的安全管理。

3）事故公司要强化对公司内员工和项目施工人员的安全教育培训，提高员工生产安全事故防范的能力，加强管理人员对相关法律法规以及安全生产知识的学习，避免再次出现安全生产事故，保证从业人员的生命财产安全。

（5）相关知识与管理借鉴

在进行厂房顶部喷涂作业时，作业人员嫌麻烦没有搭建脚手架，而是利用车间单梁起重机作为喷涂作业的平台，没有在作业平台上设置防护栏杆或安全绳等防护设施，作业人员没有系挂安全带。如此冒险作业，发生事故就成为必然。

高处坠落事故通常是人的异常行为、物的异常状态，以及人的异常行为与物的异常状态结合的结果，这是发生高处坠落事故的规律。高处坠落事故分析应从人的方面、物的方面和环境方面进行考虑。

1）人的方面。高处作业前没有足够的安全防护措施和安全教育，忽视高处作业的安全注意事项、技术交底等，有麻痹大意、侥幸心理，为了争时间、抢进度，违章指挥、违章作业，盲目冒险、野蛮施工等，都是导致高处坠落事故发生的原因。

2）物的方面。高处坠落的地点多为作业平台等临边场所，或者是垂直运输机械设备的安装、拆卸、维修、保养等危险地段。因此，如果设施安全程度不满足要求，则易发生伤人事故。如果这些地方没有采取防护措施，则会留下事故隐患。

3）环境方面。可能发生高处坠落高度一般在 2 米以上，其他恶劣的环境也会造成意想不道的事故。

预防高处坠落事故，必须加强对事故发生关键环节的控制。为了防止事故的发生必须进一步提高认识，切实加强对安全工作的领导，加强安全管理，严格落实安全生产责任制，加大安全工作的监督，消除安全隐患，抓好安全生产宣传教育和岗位安全教育培训工作，加强安全防护用具和机械设备使用的监督管理工作，使人、机、环境、管理等因素协调一致。

 60. 未系安全带安装空调水管阀门发生高处坠落

2015 年 11 月 28 日 8 时 40 分左右，杭州某机电设备工程有限公司（本案例简称机电设备公司）负责施工的杭州某商业有限公司下沙云水店中央空调设备安装施工工地，发生一起高处坠落事故，造成 1 人死亡，直接经济损失 136 万元。

（1）企业基本情况

1）企业相关情况

机电设备公司成立于 2007 年 7 月 27 日，经营范围包括承接中央空调工程、楼宇自动化工程、通风设备工程等。公司有员工 39 人，其中管理人员 19 人。

（2）事故经过和救援情况

2015 年 11 月 28 日 8 时 30 分左右，按照工程计划安排，空调安装组长吕某甲与吕某乙、余某某 3 人带着工具，施工现场，先后登上活动钢管脚手架安装空调水管阀门。因空调阀门较重，吕某甲与余某某两人托着空调阀门，并移动阀门来对准管道紧固螺钉孔，以方便吕某乙安装紧固。

8 时 40 分左右，因第一次安装不成功，吕某甲与余某某两人再次托着空调阀门移动对准管道，余某某后退时不慎踩空，从活动钢管脚手架上坠落地面。此时阀门失去余某某的托举造成失稳，从吕某甲的手中滑脱掉下，直接砸到余某某头部。

事故发生后，吕某甲与吕某乙立即从脚手架上下来进行施救，并拨打了“120”电话。约 20 分钟后，“120”急救车赶到现场将余某某送到医院抢救，终因伤势过重，经抢救无效于当天 10 时左右死亡。

（3）事故原因分析

1）直接原因

作业人员违反登高作业安全操作规程，未佩戴安全带，在移动阀门以对准管道的过程中，余某某不慎从高约 2. 7 米的脚手架上坠落至地面，同时掉落的阀门直接砸到其头部致死。

2）间接原因

1）机电设备公司安全管理存在漏洞。企业未对作业人员进行施工安全交底，作业现场采光不足，工作面狭窄，未及时发现和制止作业人员违规操作行为，现场安全管理缺失。

2）机电设备公司对员工的安全教育不到位。吕某甲与吕某乙、余某某 3 人于 11 月 17 日进工地上岗，上岗前公司未按有关规定对他们进行有效的安全教育培训。

（4）事故教训和整改措施

1）机电设备公司要认真分析这起事故的原因，吸取事故教训，有效落实安全生产责任制、安全生产管理制度和操作规程；要加强对作业人员的安全管理，规范地进行现场安全技术交底工作；要加强对作业人员安全培训教育，提高作业人员的安全意识；要督促从业人员规范佩戴安全防护用品，防止此类事故的再次发生，确保安全生产。

2）机电设备公司要加强施工现场的安全管理，认真巡检施工现场安全情况，对施工现场存在的安全隐患要及时给予整改，为作业人员提供安全施工的作业环境，确保工程项目安全施工，有效地防范生产安全事故的发生。

3）杭州某商业有限公司要认真吸取这起事故教训，认真落实安全生产责任制。公司要举一反三，进一步落实施工现场的安全监管职责；加强施工现场的安全检查，督促施工单位按施工方案组织施工，对发现施工现场存在的安全隐患，要及时通知施工单位立即整改，防止安全事故发生。

（5）相关知识与管理借鉴

在这起事故中，作业人员安装空调水管阀门，由于工作面狭窄，作业现场又采光不足，作业过程并不顺利，结果 1 人不慎从高约 2.7 米的脚手架上坠落至地面，同时掉落的阀门直接砸到其头部致死。

之所以发生坠落事故，是因为没有佩戴安全带。那么为什么没有佩戴安全带？作业人员可能觉得只有 2.7 米的高度，这样的高度看起来并不可怕，由此而产生了侥幸心理。

安全带是预防或阻止高处作业人员发生坠落事故最有效的防护用具，在建筑、供电、机械、冶金等生产作业场所被广泛使用。正是由于安全带的这一特性，因而安全带又被人们称为“救命带”，安全带在关键时刻的确能救人性命。近年来，在工业生产过程中，因人体坠落造成的伤亡事故率较高。据有关部门统计，人体坠落事故大约占工伤事故的 13%。高处坠落事故发生的原因虽然多种多样，采取必要的个人防护措施，防止高处坠落极为重要。

安全带的正确使用，需要注意以下事项：

1）作业人员在使用前应认真阅读使用说明书，并经专业培训，熟练掌握正确的使用方法后才可使用。

2）使用前要认真检查安全带外观，如发现金属件断裂、变形，弹簧、铆钉松动、折断或脱落，绳带标志线被磨断，缝合部位有损伤以及绳子开扣、带子开线等现象，均不得使用。

3）确认锚固点或锚固件牢固可靠后，再拴挂安全带的锚固部件，并保持高挂低用，不得摆动、碰撞。

4）安全钩在使用时，保险装置必须处于保护状态，禁止将安全钩直接挂在绳上使用，应挂在连接环上。

5）安全带的使用期限一般为 3～5 年，使用 2 年后，应抽验一次，如符合标准要求可继续使用，否则不得使用。

6）安全带配用缓冲型防坠落连接绳时，缓冲器一端应与全身式安全带有效连接，另一端为锚固端。

除此之外，安全带应由专人保管，详细记录生产日期、购进日期和使用（发放）日期，并存档备查。安全带应存放在干燥、通风的仓库内，不得接触高温、明火和强酸、强碱等物质，不得长期暴晒，不得雨淋及在潮湿场所存放。

61. 违章站在岩棉瓦上作业发生坠落

2016 年 11 月 6 日 10 时 09 分，秦皇岛某消防设备有限公司（本案例简称消防设备公司）在某股份有限公司（本案例简称股份公司）涂装制造部进行消防设备维修时发生高处坠落事故，造成 1 人受伤。伤员经 12 天抢救无效死亡，直接经济损失 94 万元。

（1）企业基本情况

消防设备公司成立于 2004 年 3 月，经营范围包括消防工程施工、机电设备安装、通风管及设备安装等，公司有员工 19 人，安全管理人员 4 人。

股份公司成立于 1988 年 5 月，经营范围包括铝合金轮毂制造、模具制造、铸造机械制造、汽车零部件专用设备制造等。公司有员工 3 120 人，设有安全环境管理部。

2016 年 4 月 22 日，消防设备公司和股份公司签订应急零星维修工程长期服务协议，9 月 7 日签订外包服务项目安全生产管理协议。

（2）事故经过和救援情况

11 月 6 日 7 时 30 分左右，消防设备公司技术员、新 B 线消防设备维修项目现场负责人王某甲给员工王某乙、李某某、赵某、高某某在二号线涂装制造部库房开班前会，讲述当日工作内容和安全注意事项，每人在安全告知书上了签字。

会后，班长王某乙带领李某某、赵某到新 B 线喷粉房天花板上部进行消防设备维修工作。李某某和赵某将施工用防爆管套好丝扣后，将防爆管搬运到喷粉房顶岩棉瓦天花板外侧平台上等着王某乙下料。

班长王某乙到现场后，站在喷粉房岩棉瓦天花板顶上敷设的钢质黄色脚踏板上测量现场管线尺寸，测量的过程中王某乙离开脚踏板，站到距地面 4 米高的岩棉瓦天花板上进行作业，岩棉瓦被踩坍塌，王某乙摔落在喷粉房内的水泥地面上。

王某乙摔落后，李某某、赵某立即跑到粉喷房内，王某乙已没有了反应。10 时 09 分，赵某拨打“120”急救电话，李某某跑到库房向现场负责人王某甲报告情况，“120”急救赶到现场后，将王某乙送往医院抢救。11 月 17 日 23 时 40 分，王某乙经过 12 天救治无效死亡。

（3）事故原因分析

1）直接原因

王某乙违反安全管理规定，违规踩在粉喷房岩棉瓦天花板上进行测量作业，踩塌岩棉瓦坠落至地面。

2）间接原因

①消防设备公司对作业现场风险辨识与管控不到位。

②消防设备公司安全生产教育培训不到位，班前教育针对性不强，未严格督促员工执行安全管理规定。

（4）事故教训和整改措施

1）消防设备公司要举一反三，认真吸取事故教训，组织对所有作业项目进行一次全面的风险辨识，制定切实有效的防范措施并严格落实，杜绝类似事故再次发生。

2）消防设备公司对公司全体员工进行一次教育培训并考核，特别要加强对新员工的培训考核，使每位员工都掌握岗位安全管理规定和操作规程，熟悉所在岗位存在的风险，提高员工的安全操作技能和安全防护意识。

3）消防设备公司要加强日常安全督导检查力度，严格落实班前现场安全检查制度，及时发现并纠正员工在生产过程中存在的“三违”行为，防止员工违章操作，杜绝习惯性违章。

（5）相关知识与管理借鉴

在这起事故中，作业人员踩在粉喷房岩棉瓦天花板上进行测量作业，结果踩塌岩棉瓦坠落至地面。这是事故的直接原因，间接原因则是消防设备公司对作业现场风险辨识与管理不到位。

风险辨识是风险管理的第一步，也是风险管理的基础。员工只有在正确识别出自身所面临的风险的基础上，才能够主动选择适当有效的方法进行处理。风险辨识是指在风险事故发生之前，人们运用各种方法系统地、连续地认识所面临的各种风险以及分析风险事故发生的潜在原因。

作业现场风险辨识，是一种分析危险因素、管理安全的方式，也是一种安全作业的习惯。作业前，作业人员要习惯性地查看四周环境，检查设备设施，检查人员服装工具，发现问题及时解决，由此来避免事故的伤害。

 62. 进入电梯前未仔细查看轿厢位置发生坠落

2015 年 7 月 26 日 8 时许，溧阳某电梯有限公司（本案例简称电梯公司）在组织人员对青岛某国际中心二期工程进行电梯安装作业时，1 名电梯安装工从 5 层厅门处坠落至电梯井道底坑，经抢救无效死亡。

（1）企业基本概况

电梯公司成立于 2014 年 8 月，主要从事电梯安装、改造、维修、保养及机电设备安装工程专业承包等。

（2）事故经过和救援情况

2015 年 7 月 26 日 7 时 50 许，电梯公司开始正常组织人员对青岛某国际中心项目二期工程 F6、F7、D13 号楼实施电梯安装作业。安装班组长何某某、张某甲共同对参加当日安装作业的 14 名安装工人进行完班前教育后，8 时许，何某某便带领安装工张某乙来到 F7 号楼，从 1 层进入电梯井道实施感应器隔磁板安装作业。因前日已安装完第 4 层的隔磁板，何、张二人进入电梯轿顶作业平台后直接慢车运行到 5 层顶部位置继续安装。约 10 分钟后 5 层隔磁板安装完毕，张某乙称要上厕所，何某某便将轿顶降至 5 层平层位置，张某乙打开厅门后出去。几分钟后，何某某见张某乙还没回来，就向外喊了一声，见仍无回音，便关上厅门，将轿顶慢车运行至 6 层位置，正准备安装下一个隔磁板时，何某某听到下方传出厅门自动关闭的声音，紧接着听到“嘭”的一声，忙向下呼喊，未听见回应，便将轿厢开慢车下行至 1 层，使用行灯向底坑处照射，发现安装工张某乙已跌落坑底。

发现此情况后，何某某急忙电话向公司项目经理翟某甲进行报告，翟某甲立即安排安全员翟某乙与其他工友协助何某某将张某乙抬出底坑并拨打“120”急救电话救援，在得知救护车还有 10 分钟才能到达的信息后，翟某甲便将张某乙抬到自己车上，紧急送至医院抢

救。当日上午9时许，张某乙经抢救无效死亡。

（3）事故原因分析

1）直接原因

综合现场勘验、询问调查情况分析，张某乙在5楼上厕所回来后，用三角钥匙打开厅门上部门锁，在用双手按住厅门门板向两边分开厅门时，未严格遵守公司电梯安装作业安全操作规程及现场施工安全守则规定，没有确认轿厢的位置就盲目进入电梯井，当发现轿厢不在本层时，因身体前倾、重心失衡，最终导致其滑跌坠落。

2）间接原因

①电梯公司电梯安装作业现场事故隐患排查治理不及时、不彻底。公司项目部未认真组织人员对进出电梯井的走道，特别是厅门处地面沙土等杂物进行及时消除，影响人员的正常进出。

②电梯公司电梯安装安全技术交底不到位，作业现场管理不规范。公司未就2名作业人员从事电梯安装作业应注意的协作、联络等事项提出安全工作要求。

（4）事故教训和整改措施

综合事故现场勘验、资料查阅、调查询问等情况，事故调查组认定该事故是一起因现场安全管理不到位、忽视安全作业规程而导致的生产安全责任事故。事故单位应进行以下几个方面的整改：

1）电梯公司要深刻吸取事故教训，建立健全单位安全生产责任制及安全生产规章制度、安全操作规程，完善单位各类电梯安装、维修作业安全技术交底内容，重点对电梯安装过程中协同指挥作业的安全操作规程做进一步完善。

2）电梯公司要强化对从业人员的安全教育培训，强化安装人员协作意识，加强对作业现场、环境的隐患排查，及时排查消除各类事故隐患，各级各岗位人员要严格落实各自安全生产责任，杜绝冒险作业、违章作业，严防类似事故的再次发生。

（5）相关知识与管理借鉴

企业应该根据实际情况制定现场施工安全守则。现场施工安全守则主要包括以下内容：

1）认真学习国家关于安全生产的方针、政策和法规，牢固树立“安全第一”的思想，增强安全防范意识。

2）遵守公司三级安全教育规定：凡新到现场或调换工作（岗位）的员工，上岗前必须进行安全教育，经考试合格方能上岗操作；特殊工种需参加主管部门的专业培训，考试合格后，持证上岗。

3）项目经理或安全员，应定期对员工进行下述内容的安全教育，员工应自觉地接受教育：①国家关于安全生产的政策、法规；②公司安全管理规章制度；③各种安全技术规定；④安全事故的经验教训及预防措施。

4）项目经理和安全员定期对施工现场进行安全检查，每位员工都应自觉地接受检查。查到不安全因素和事故隐患，应立即采取预防和纠正措施。

5）员工进入施工现场，必须正确使用劳动护防用品。高处作业必须系好安全带，禁止向上或向下扔工具、器材。

6）施工现场必须配置安全保护设施，设置安全标识，严禁随意挪动和拆除安全保护设施和标识。

7）员工必须遵守安全作业纪律，严禁有以下行为：①盲目冒险施工，违章作业；②施工现场打斗、嬉闹、酒后上岗；③私拉临时用电线路，私自动用机电设备；无证人员从事特殊工种操作；④超负荷使用电源设备、电缆、导线。

8）每日工作结束，收拾好施工工具、设备、材料，对已完工的安装工程，库房中的设备、器具、材料应妥善保管，防止丢失、被盗。

七、其他伤害事故

机械制造企业除了比较常见、多发的机械伤害事故、起重伤害事故、触电伤害事故、爆炸爆燃事故、物体打击事故、高处坠落事故之外，还经常发生人员中毒窒息事故、灼烫伤害事故、坍塌事故、车辆伤害事故等，不论哪种事故，都需要提高警惕，做好预防措施。

63. 违章使用硫酸清除管道内的淤泥发生中毒

2014 年 2 月 5 日 10 时 30 分左右，北京某压缩机有限公司（本案例简称压缩机公司）动力车间工人进入气浮罐实施清理作业过程中，造成 1 人中毒窒息死亡，现场救援过程中又造成另外 2 名作业人员死亡。

（1）企业基本情况

压缩机公司成立于 1995 年，主要产品为高效节能环保电冰箱压缩机，年产量约 860 万台，年营业额约 20 亿元。

（2）事故经过和救援情况

2014 年 2 月 5 日 9 时 50 分左右，现场作业负责人刘某某带领贾某某、康某某、赵某某3人实施气浮罐清理作业。贾某某进入气浮罐内，卸下环形管道可拆除部分后，发现管道堵塞，且管道结构复杂、难以清理。4人商议后决定使用车间存放的浓度为50%的硫酸清除管道内淤泥。

随后，赵某某从气浮罐旁的硫酸储存罐中取了10升硫酸，由康某某从气浮罐外侧的出水口处将硫酸倒入，约10分钟后，发现气浮罐内环形管道未被完全疏通，现场有大量刺鼻的气体产生。刘某某安排贾某某再次进入气浮罐内，将之前拆卸的环形管道装回，继续使用硫酸疏通环形管道。

10时20分左右，贾某某进入气浮罐后随即晕倒在罐中。康某某、刘某某先后进入罐内施救时也晕倒了。赵某某见状，急忙找来2名维修工人救人，确认无法施救后，拨打了报警电话等待救援。

11时09分，消防支队接到命令迅速出警，赶到事故现场后对被困人员实施救援。11时53分，贾某某、康某某、刘某某3人被救出，被送往医院经抢救无效死亡。

（3）事故原因分析

1）直接原因

动力车间领班王某某违反公司危险作业管理规定，在节假日派工前未到公司环境健康安全科开具有限空间危险作业许可证，致使现场作业人员在未经公司环境健康安全科许可、未检测含氧量及有害气体浓度、未进行强制通风、未佩戴个人防护用品的情况下，盲目进入气浮罐内开展清理作业；现场作业人员违反公司危险化学品使用管理规定，在未经环境健康安全科审批的情况下，擅自使用硫酸用于气浮罐管道清理作业。

2）间接原因

压缩机公司安全管理不到位是造成此次事故的间接原因。

①公司未制定进入气浮罐清洗作业的操作规程。在公司已将进入气浮罐作业纳入危险作业管理的情况下，未制定气浮罐清理作业操作规程，致使作业人员擅自使用硫酸实施清理作业。

②公司未严格执行有限空间安全管理制度。动力车间在制定节假日期间气浮罐清理作业的工作计划时，未按照公司危险作业许可管理制度的规定，到环境健康安全科办理危险作业许可审批，也未安排具有有限空间作业资格的专业人员进行现场监护。

③公司危险化学品管理制度不健全。公司制定的化学品安全管理制度中缺乏硫酸出库进入动力车间后的管理要求；动力车间未制定硫酸在车间内存放、使用、用途变更等方面的管理细则，致使硫酸的使用环节无人监管。

④公司事故应急救援管理工作存在漏洞。公司有限空间作业安全规程中的应急救援部分缺乏针对性；日常工作中，公司未针对有限空间作业开展事故应急演练，导致事故发生后作业人员盲目施救。

⑤公司安全培训教育不到位。公司虽对员工实施了三级安全教育，但一线作业人员安全意识淡薄，明知气浮罐上张贴“有限空间作业必须到环境健康安全科申请”的标识，却在未办理审批的情况下，违规使用危险化学品进入气浮罐实施清理作业。

（4）事故教训和整改措施

压缩机公司针对此起事故暴露出的问题，应当认真吸取教训，举一反三，开展安全隐患自查自纠工作，切实落实企业安全生产主体责任。

1）进一步完善操作规程，消除生产作业过程中的违章指挥和违章作业现象，确保工人在作业过程中有章可循。应当全过程、全环节梳理企业各个岗位安全风险因素，查找安全管理缺失、执行规章制度缺失等现象，加强风险控制和监督检查，逐一建立台账，规范工作流程，杜绝作业过程中的违规操作。特别是针对气浮罐清理等危险作业，应当组织制定操作规程，明确工作岗位职责和作业流程。

2）建立健全事故隐患排查工作机制，加强对事故隐患的监督检查。重点要强化对有限空间管理制度落实情况的监督检查，主要负责人应当认真组织开展事故隐患排查，完善安全责任制体系，厘清生产部门和安全管理部门的工作职责，明确生产部门各岗位安全管理职责，消除作业过程中各类事故隐患。

3）制定和细化危险化学品使用管理标准和规范。认真分析和查找危险化学品各环节的安全管理工作，建立使用登记制度，规范危险化学品在使用环节的管理，建立工艺流程以外使用危险化学品的审批、审核和安全论证制度，杜绝未经许可擅自使用危险化学品的现象。

4）进一步完善企业应急救援管理工作，增强事故应急预案的实践性，定期组织实施应急预案演练，切实提高全体员工的危险因素辨识和应急处置能力，避免盲目施救行为。

5）加强全体员工的安全教育培训工作，建立安全培训教育成效评估、考核工作机制，特别是对生产一线员工的安全教育培训工作要有针对性，使之对本岗位操作规范、安全风险、应急处置了解清楚，以提高一线作业人员安全意识和自我保护意识，杜绝“三违”现象。

（5）相关知识与管理借鉴

在这起事故中，作业人员发现管道堵塞，且管道结构复杂、难以清理，于是决定使用车间存放的浓度为50%的硫酸清除管道内淤泥，结果造成人员硫化氢气体中毒事故。

事故之后，对气浮罐内气体检测结果表明，硫化氢气体浓度超标。经试验验证，气浮罐内沉淀的淤泥与浓度为50%硫酸混合后会发生化学反应，能分解产生大量硫化氢气体。人员短期吸入大量硫化氢气体后，会导致中毒反应，极高浓度时可在数秒后发生急性中毒死亡。经法医鉴定，死者符合硫化氢中毒死亡特征。

从这起事故涉及的管道疏通来看，管道疏通的方法很多，家庭管道疏通通常使用手摇式疏通器或电动疏通机。原理是通过旋转把有弹性的钢丝转进堵塞的下水管道里，把堵塞物带出来。还有一种气压疏通工具，用高气压冲开堵塞的管道。工业管道疏通可以使用高压清洗车。高压清洗车通过高压水流产生的强大压力可以冲开被堵塞的管道。也就是说，完全可以不采用硫酸清除管道内淤泥。

64. 贸然进入缺氧场所作业发生窒息

2018 年 8 月 5 日上午 6 时 30 分，常州某新型合金材料有限公司（本案例简称合金材料公司）发生一起较大窒息生产安全事故，造成 3 人死亡。

（1）企业基本情况

合金材料公司成立于 2016 年 3 月 9 日，有员工 16 人。经营范围包括金属合金及制品的生产和销售等。

合金材料公司租用江苏某焊接有限公司（本案例简称焊接公司）内东北角部分厂房，于 2016 年 4 月开始筹备钛合金雾化生产装置并采购生产设备，2017 年 2 月自行设计钛合金雾化生产工艺并安装设备，因采购的非标准设备技术参数及试验钛合金粉末产品的技术要求达不到相关标准，2018 年 1 月开始擅自开展新产品研制试产，自行边试制产品边调试设备直至事故发生。

（2）事故经过和救援情况

2018 年 7 月 30 日，该企业召开碰头会，研发部负责人刘某某提出钛合金雾化车间下层地面渗水的处理问题，总经理彭某把这项工作布置给了设备专员糜某某，但是会议上未交代做防水作业时间和安全防范措施等具体事项。会后设备专员糜某某召集吴某某和庄某某做防水作业，并订购了防水材料。2018 年 8 月 4 日下午 3 点多防水材料到货。

8 月 4 日 23 时，4 名当班员工开始做钛合金棒的雾化工作，到次日零时结束，0 时 30 分 4 名当班员工下班。当班班长秦某某关闭控制电源、关闭排风机并关闭车间大门，氧气含量检测仪未被关闭并处在报警状态。

8 月 5 日早晨（厂休日），设备专员糜某某与其召集的吴某某、庄某某来到钛合金雾化车间门口准备进入该车间下层收粉间做防水施工。现场监控录像视频显示，6 时 22 分许，糜某某在钛合金雾化车间的相邻车间里转了半圈，6 分钟后庄某某和吴某某在钛合金雾化车间的相邻车间门口出现。6 时 30 分起，3 人进入钛合金雾化车间下层收粉间。

当天 22 时许，吴某某的家长看不到吴某某，后来找到了吴某某工作的车间，发现钛合金雾化车间下层收粉间阶梯附近糜某某趴在地面上，吴某某趴在糜某某身后，庄某某仰面躺在氧气含量检测仪的地面上，于是打电话报警。

22 时 34 分许，消防中队、派出所赶到现场，发现有 3 人趴在钛合金雾化炉车间下层收粉间地面上（氧气含量检测仪已被关闭，技术鉴定无法确认是谁关闭的），立即请求消防增援。消防人员穿戴防护用品分别将 3 人抬出，经“120”医护人员现场检查，确认 3 人已无生命体征，后经法医检验，判断 3 人为缺氧窒息死亡。

（3）事故原因分析

1）直接原因

合金材料公司钛合金雾化工艺中使用的氩气聚积在收粉间致氧含量不足。在此情况下，糜某某召集非本企业人员吴某某和庄某某，违章冒险进入收粉间开展防水作业，导致 3 人缺氧窒息死亡。

2）间接原因

合金材料公司未落实安全生产主体责任，是事故发生的主要原因。

①安全生产管理混乱。公司未制定安全生产责任制，主要负责人、安全管理人员、一线员工安全生产职责不清、责任不明；安全管理规章制度、安全操作规程不健全；未认真组织开展事故隐患排查治理，员工安全意识不强，存在较大危险因素的场所进出门的钥匙掌控在非本场所负责人的设备专员糜某某之手。

②设施设备本质安全度不高。电弧熔炼炉、氧气含量检测仪与排风扇之间无联锁，不符合相关规定要求；氧气含量检测仪使用的电源是临时用电线路。

③设施设备设置不合理。电弧熔炼炉氩气排空管直接通向收粉间，人为造成局部氩气积聚。

④收粉间设置不合理。收粉间人员操作岗位位于电弧熔炼炉操作平台下 5 米处，空气自然流通不畅，因氩气相对密度比空气大，较易在至低处聚积。

⑤企业安全生产教育培训缺乏针对性。员工安全意识淡薄，日常安全教育培训流于形式，入职员工安全培训停留在口头上，培训内容缺乏针对性，未针对本岗位存在危险因素和防范措施进行专门的安全培训，员工不清楚本岗位生产过程中存在的重大安全风险，也未能有效地处置氩气聚积后发生的异常情况。

（4）事故教训和整改措施

针对该起事故暴露出来的问题，为了认真吸取事故教训，避免类似事故的发生，对合金材料公司提出如下整改措施：

1）要深刻吸取事故教训，依法履行安全生产主体责任，建立健全全员安全生产责任制，建立健全并严格落实安全生产规章制度和操作规程，完善应急预案并开展经常性的应急演练。

2）加强安全教育培训，提高从业人员安全防范意识和应急知识；全面开展安全风险分级管控和隐患排查治理双重预防机制建设，及时消除各类事故隐患，配备必要的个人防护设备和救援装备，提高事故应急处置能力。

3）要建立安全生产风险分级管控、隐患排查治理双重预防机制，深入开展安全生产专项整治行动，进一步加强有限空间作业安全生产专项整治，严防类似事故再次发生。

（5）相关知识与管理借鉴

在这起事故中，设备专员对本企业的设备运行情况并不了解，对本企业的生产流程、生产工艺以及作息时间也不清楚，在这种不了解、不清楚的情况下，贸然进入收粉间开展防水作业，导致 3 人缺氧窒息死亡。假设事故之前这位设备专员对设备运行、生产流程以及作息时间有所了解，哪怕在生产时间抽空前往车间看一看，这起事故就有可能避免。

当然，这起事故的发生，还有其他设备设施因素和安全管理因素，故此，经事故调查组调查认定，这起人员窒息事故是一起生产安全责任事故。公司总经理因未及时消除生产安全事故隐患、未组织制定并实施本单位的生产安全事故应急救援预案、布置钛合金雾化车间防水作业时未对应采取的安全防范措施提出明确要求、未组织制定危险作业方案，对事故的发生负有主要责任。此外，公司生产工艺部经理兼安全员，由于未认真履行安全生产管理职责，未在有较大危险因素的生产经营场所和有关设施、设备上设置明显的安全警示标识，未严格落实存在较大危险因素的雾化车间安全防控措施，对事故的发生负有重要责任。

 65. 未采取安全措施拆除容器发生灼烫

2018 年 9 月 20 日 11 时许，常州某树脂有限公司（本案例简称树脂公司）树脂车间西间发生一起灼烫事故，造成一名外来作业人员死亡，事故直接经济损失 175 万元。

（1）企业基本情况

树脂公司成立于 1991 年 5 月 11 日，经营范围包括丙烯酸磁漆、醇酸烘漆、氨基清烘漆、塑料工业配件的制造、加工；电容器的制造、加工和销售等。

江阴某机械厂（本案例简称成良机械厂）成立于 2011 年 4 月 13 日，经营范围包括通用设备及零部件、钢结构件的制造、加工等。

（2）事故经过和救援情况

2018 年 7 月 4 日，树脂公司法定代表人黄某某联系了机械厂经营者徐某甲，称想处理厂里的一部分设备。9 月 14 日，黄某某与徐某甲以个人名义签订了旧设备买卖协议，拆下的所有电器、设备均归徐某甲所有，徐某甲支付给黄某某废旧设备回收费，所有的拆除工作均由徐某甲负责，并于 9 月底前完成拆除。

9 月 15 日，徐某甲安排儿子徐某乙和临时用工曹某某等 5 名工人正式进场进行拆除作业。

9 月 20 日上午，曹某某、徐某乙及另一名工人负责树脂车间西间的拆除作业，曹某某独自在二楼钢平台拆除分水器，其余 2 人负责搬运拆下的旧设备。11 时许，徐某乙和另一名工人结束作业准备吃午饭，走到车间门口时突然听到了“砰”的一声，回头一看，车间起火了，火苗已蹿至车间顶部，曹某某从楼梯跑下来，身上灼烫。徐某乙见状立即拍打曹某某身上的火苗，扒掉了曹某某的衣服。随后，曹某某被送往医院救治。10 月 6 日 20 时，曹某某死亡。

（3）事故原因分析

1）直接原因

曹某某安全意识淡薄，对风险因素认识不足，在作业前未对装置进行清洗、置换、分析，切割完支架后任由分水器从二楼钢平台掉落至地面，强烈的震动引燃分水罐内可燃性残液，引发火灾导致其受伤死亡。

2）间接原因

①作业现场安全管理缺失，特殊作业管理流于形式。树脂公司在关闭阶段未对特殊作业进行有效的安全管理，特殊作业方案的制定、审批及对作业环境的分析、检测检验均未按要求实施，未对作业人员进行资质审查，也未落实监护人员。现场管理人员未认真检查、未督促作业人员按要求落实个人防护措施和使用防爆工具进行作业；相关管理人员在明知特殊作业多处防护措施未落实的情况下，未及时要求作业人员停止作业。

②树脂公司未落实企业安全生产主体责任。其委托的对化工设备、装置进行拆除的承包商不具备相关资质。公司与外包单位未签订承包合同及安全生产管理协议，未对外来作业人员进行安全教育培训和技术交底，对施工单位的安全监督也未落实。

③机械厂未做好人员定编、定岗、定责工作，安排无特种作业操作证人员进行切割作业。机械厂未制定岗位安全操作规程，作业前未按照有关规定制定作业方案，仅对从业人员进行口头的安全教育培训。机械厂未督促、检查本单位的安全生产工作，未定期排查事故隐患，也没有为从业人员提供符合国家标准或者行业标准的劳动防护用品。

（4）事故教训和整改措施

1）树脂公司应深刻反思，举一反三，根据事故原因和事故教训分析，落实安全生产主体责任，牢固树立“安全第一”的理念，采取严格的防范措施，防止发生生产安全事故。

2）树脂公司要组织企业员工、外来施工人员认真学习、掌握施工方案的技术要领和相关化学品安全知识，切实提高作业人员操作技能、应急处置能力和事故防范意识。在施工前要对施工单位人员进行安全技术交底，并对拆除过程进行安全监督。动火、进罐（塔）、登高等危险性作业必须落实作业安全措施，按规定办理批准手续，危险废物和特种设备必须履行规范的手续进行安全处置。

3）机械厂要认真完善并严格落实公司安全生产责任制，做好人员定编、定岗、定责工作，对从业人员进行定期安全教育培训并做好书面记录。加强安全风险分级管控和隐患排查治理，采取技术、管理措施，及时发现并消除事故隐患，保障生产安全。完善落实安全生产规章制度和操作规程，加强作业现场安全管理，对作业人员违规作业的行为及时制止，确保作业现场安全。

（5）相关知识与管理借鉴

综合分析判断，事故的发生是由于树脂公司员工在拆除分水器连接的管道后，由于未对分水罐进行吹扫、洗净、置换等工序，分水器中尚残存可燃性残液。机械厂作业人员在切割完支架后，任由分水器从二楼钢平台掉落至地面，强烈震动引燃分水器内可燃性残液，引发火灾导致事故。

这起事故的发生，管理因素占有很大的比例，树脂公司未对特殊作业进行有效的安全管理，对特殊作业方案的制定、审批及对作业环境的分析、检测检验均未按要求实施，这是导致事故的重要因素。

66. 铸造模具强度不够使高温金属液体外泄伤人

2016 年 6 月 21 日 13 时 40 分，河北某冶金机械有限公司（本案例简称冶金机械公司）在铸件过程中，发生一起灼烫事故，造成5人死亡、2人受伤，直接经济损失约500万元。

（1）企业基本情况

冶金机械公司于2008年6月27日登记注册，经营范围包括铸件、机加工、机械制造等。主要产品为轧辊铸件，主要采用卧式离心铸造工艺生产铸件。其工艺流程是将金属熔融液体浇入旋转的模具中，使金属液体在离心力的作用下充填模具、凝固形成铸件。

（2）事故经过和救援情况

2016年6月21日12时30分左右，公司法定代表人王某某、铸造车间主任胡某某带领6名工人开始试制一种新型复合轧辊（用2种不同成分的金属铸成）。

13时40分左右，在浇铸完第1包合金金属液体后，因离心铸造机高速旋转，模具侧盖连接耳处开裂，高温金属液体在离心力的作用下突然外泄，致7人烫伤，其中5人经救治无效死亡。

（3）事故原因分析

1）直接原因

冶金机械公司自行设计制作的模具侧盖连接耳焊接强度不够，当金属液体注入模具后，离心铸造机所产生的离心力引起连接耳处开焊断裂，导致模具侧盖外移，发生高温金属液体外泄。

2）间接原因

①冶金机械公司管理混乱，在新产品试制过程中未按有关技术要求进行流程设计、审核和试车，凭经验设计、制作模具，在未经任何测试的情况下盲目试生产，导致事故发生。

②冶金机械公司安全生产管理规章制度不健全，安全生产责任制不完善，执行安全管理制度和安全操作规程不到位，未配置专职或者兼职的安全生产管理人员，特种作业人员无证上岗作业。

③冶金机械公司安全教育培训不到位，只对工人进行口头安全培训，未组织从业人员进行三级安全教育和考试。

（4）事故教训和整改措施

此次灼烫事故是一起因设备缺陷引发的较大生产安全责任事故。企业要落实以下整改措施：

1）加强企业内部管理。企业应配备具有专业技术能力的人员负责生产技术管理，在技术改造和使用新产品、新工艺时要聘请有专业资质的机构或人员进行设计、审核、试车，正式投产前报行业管理部门备案。

2）加强对员工的安全教育培训。针对企业特点和各个作业场所的特殊性，切实加强员工的安全教育培训工作。强化对公司规章制度的执行力度，严明员工劳动纪律，不断强化从业人员的安全意识、责任意识，杜绝冒险进入危险区域作业或从事与工作无关的活动。

3）深入排查、治理事故隐患。企业应对存在的安全风险实行辨识、分级，制定具体办法，实施有效的管控。要深入开展安全大检查工作，要建立长效的隐患排查治理和监控机制，聘请专家定期进行隐患排查。要制定有针对性的整改措施，防患于未然，把事故消灭在萌芽状态。

4）切实加强安全管理。企业要按照相关法律法规、标准和规范性文件的规定和要求，结合自身生产特点，采取有效的措施，不断优化企业的各项规章制度、操作规程，提高设备的科技含量；健全安全生产责任体系，严格落实企业的主体责任，形成安全管理的长效机制，杜绝生产安全事故的再次发生。

（5）相关知识与管理借鉴

在这起事故中，导致事故发生的原因有两个，一个是冶金机械公司盲目试生产；另一个是冶金机械公司自行设计、制作的模具侧盖连接耳焊接强度不足，引起连接耳处开焊断裂，导致模具侧盖外移，发生高温金属液体外泄。在两个原因中，后一个更为重要。

企业要加强设备的安全管理。设备安全管理的目的就是要在设备寿命周期的全过程中，采用各种技术措施，消除一切使机械设备遭受损坏、人身健康与安全受到威胁和环境遭到污染的因素或现象，避免事故的发生。

就机械设备而言，基本安全要求主要是：

1）机械设备的布局要合理，应便于操作人员装卸工件，加工、观察和清除杂物，同时也应便于维修人员的检查和维修。

2）机械设备零部件的强度、刚度应符合安全要求，安装应牢固。

3）机械设备根据有关安全要求，必须装设合理、可靠、不影响操作的安全装置。

4）机械设备的电气装置必须符合电气安全的要求，主要有以下几点：供电的导线必须正确安装，不得有任何破损或裸露线芯的地方；电机绝缘应良好，接线板应有盖板防护；开关、按钮等应完好无损，带电部分不得裸露在外。

5）机械设备的操纵手柄以及脚踏开关等应符合如下要求：重要的手柄应有可靠的定位及锁紧装置。脚踏开关应有防护罩或藏入床身的凹入部分，以免掉下的零部件落到开关上启动机械设备而伤人。

6）机械设备的作业现场要有良好的环境，照度要适宜，湿度与温度要适中，噪声和振动要小，零件、夹具等要摆放整齐。

67. 工件堆放过高发生坍塌

2013 年 4 月 6 日 16 时 58 分左右，邢台某重工机械有限公司

（本案例简称重工机械公司）施工升降机二车间发生工件坍塌砸人事故，造成1人死亡，直接经济损失约80万元。

（1）企业基本情况

重工机械公司始建于1997年，有员工约500人，其中工程技术人员60余人，年生产4~12吨塔式起重机1 000台以上，建筑升降机1 500台以上。

（2）事故经过和救援情况

2013年4月6日16时58分左右，重工机械公司施工升降二车间电焊学徒工王某某，操作起重机进行吊装导轨架作业。导轨架在通道上违规超高摆放，在吊装过程中，起重机上的电缆线将导轨架挂住，导轨架坍塌，砸中正在打扫卫生的工人郗某某。

事故发生后，车间负责人、公司董事长、安全副经理等有关人员第一时间赶赴事故现场，组织人员将伤者送往医院救治，郗某某因伤势过重救治无效死亡。

（3）事故原因分析

1）直接原因

焊工违章操作起重机，清洁人员未按规定佩戴安全帽等防护用品；车间工件摆放不符合要求，超高摆放占用通道，都是造成事故的直接原因。

2）间接原因

①公司安全管理不到位，安全规章制度不落实，作业现场事故隐患排查不彻底，设备管理存在缺陷。

②企业安全教育不到位，教育培训不扎实，员工的安全意识淡薄。

（4）事故教训和整改措施

1）企业要按照安全生产法律法规的要求，严格落实安全生产主体责任，完善安全生产规章制度，提高安全生产水平。

2）企业要加强员工安全教育，对员工进行集中教育培训，特别是要注重班前或班中教育，提高员工安全防范意识和预防事故的能力。

3）企业要以事故为教材，对公司人员集中开展安全警示教育，加强对生产工序的日常监督检查，加大对违章人员的处罚力度，确保各项安全措施得到落实。

4）企业要组织各车间主任集中开展一次事故隐患大排查活动。指定专人做好作业环境的事故隐患排查工作，夯实安全工作基础。

（5）相关知识与管理借鉴

在这起事故中，导致事故发生的直接原因，一个是焊工违规操作起重机，一个是清洁人员未按规定佩戴安全帽等防护用品，还有一个是车间工件摆放不符合要求，超高摆放违规占用通道。几个原因相比较，后一个原因更为重要。生产制造企业使用的设备类型繁多，人员来来往往，各种设备同时运转，如果车间环境杂乱无章，那么就很容易引发事故。

机械加工车间（冷加工机械）的安全要求主要有：

1）机械设备之间要保持合理的间距。

2）工件、毛坯、工具应存放整齐，分类堆放，堆放高度不超过1.2米。

3）车间地面应平整、整洁；作业场所工业垃圾、废油、废水及废物应及时被清理干净，车间安全通道应畅通。

4）生产场地要有良好的采光。

5）生产场地不宜长期存放汽油、煤油等易燃易爆物品。应配置必要的消防用具。作业现场应禁止吸烟。

68. 违章独自操作平板车致人死亡

2018 年 7 月 21 日 21 时左右，在上海某造船有限公司（本案例简称造船公司）发生一起车辆伤害事故，造成 1 人死亡。

（1）企业基本情况

造船公司经营范围包括船舶、港口机械、钢结构件的设计制造修理等。

（2）事故经过和救援情况

2018 年 7 月 21 日 16 时 45 分，造船公司平直作业区主任科员陈某召开班组长会议，安排董某在作业区当日工作结束后将平板车停在车间 C 线前道门口，用于防台风、防汛。

20 时许，车辆驾驶员董某、杨某某完成当天运输工作，杨某某到车间 C 线后道查看情况，董某独自使用 1 号驾驶室驾车，从车间 A 线后道开到车间 C 线前道门口北侧约 50 米处，因车间门口有集卡作业，董某驾车靠边等待。

20 时 40 分许，杨某某后道工作结束，见到等待的董某，与董某交谈后，就到休息区休息。20 时 50 分许，集卡作业结束，董某独自驾车开到车间 C 线前道门口，将车向门口横向移动。车辆移动过程中，董宁发现车距不够，下车查看位置，发现外协公司打磨工陈某某倒在 2 号驾驶室前第一排轮胎旁，董某立即呼救并打电话报警。

21 时 10 分，造船公司救护车到达现场，将伤者送至医院抢救，23 时 17 分，陈某某经抢救无效死亡。

（3）事故原因分析

1）直接原因

在没有引车员到场的情况下，平板车驾驶员独自移动车辆，碰撞到站立在饮水机前的作业人员。

2）间接原因

①引车员在驾驶员违章操作的情况下，没有制止驾驶员的违章作业行为。

②现场管理人员失职。管理人员在布置作业时，没有辨识安全风险，未能及时落实安全防范措施，未能及时发现车辆操作人员违反企业管理规定操作平板车。

③企业未能履行安全生产主体责任，未能督促从业人员严格执行本单位的安全规章制度和安全操作规程。

（4）事故教训和整改措施

1）吸取事故教训，落实安全生产责任。造船公司要深刻吸取事故教训，牢固树立安全生产红线意识，切实落实企业安全生产主体责任。认真梳理安全风险因素，做好隐患排查和风险辨识工作。

2）完善规章制度，提高本质安全度。造船公司要针对本起事故，完善大型平板车等设备作业的管理制度，加强制度的可操作性；从本质安全角度，提升设备、设施的安全性。

3）加强人员培训，落实现场管理。造船公司要加强对作业人员的安全生产教育和培训，如实记录安全生产教育和培训情况；加强对作业人员现场的动态管理，提升安全管控能力。

（5）相关知识与管理借鉴

这起事故的发生，是平板车驾驶员在没有引车员到场的情况下，独自移动车辆，碰撞到站立在饮水机前的作业人员。

平板车在使用中，应注意以下事项：

1）平板车必须有专人操作和维护保养，非操作人员不准随便动用。

2）在使用前必须检查平板车外部是否完好，传动机构及其润滑状况是否正常。

3）必须鸣铃后才能平稳启动平板车，驾驶人员要注意车辆周围有无异常情况，随时做好停车的准备。

4）平板车在运行过程中，避免急启动急停车，防止由于惯性使所载物品滑落发生危险。

5）平板车在运行时，须两人同时作业，一人操作车辆，另一人注意车上所载物品及周围情况，并且要提醒过往人员注意安全，发现情况及时通知操作者。

6）平板车在运行中应缓速行进，不准快速变换行进方向。

7）平板车在运行中，禁止进行检修和清洁工作。

8）在装运物件时，不准超载使用，重物应平稳地放在平板车的中间部位，载荷分布要均匀。